ENCUENTROS 2

EDICIÓN 3000 MÉTODO DE ESPAÑOL

Cuaderno de ejercicios

AUDIOS online

Deine **Audios** findest du hier:

1. Gehe auf scook.de.
2. Gib den unten stehenden Zugangscode in die Box ein.
3. Hab viel Spaß mit den Audios.

Dein Zugangscode auf www.scook.de | 746k5-kjcfa

Cornelsen

Encuentros 2 Edición 3000
Lehrwerk für Spanisch als dritte Fremdsprache
Cuaderno de ejercicios

Im Auftrag des Verlages erarbeitet von: Klaus Amann, Wolfgang Steveker

Projektleitung: Heike Malinowski
Redaktion: Martha Grizel Delgado Rodríguez,
Matthias Nusser
Redaktionelle Assistenz: Ute Gebel
Bildassistenz: Nadja Hantschel

Gesamtgestaltung und technische Umsetzung:
graphitecture book, Rosenheim
Umschlaggestaltung: werkstatt für gebrauchsgrafik, Berlin
Illustration: Laurent Lalo
Umschlagfoto: © Matthias Höppener-Fidus

Tonstudio: Lucentum Digital, Alicante
Sprecher: Chema Bazán, Carmen Rubio

Symbole und Verweise

2	Hörverstehen/Tracknummern
	Sprachmittlung
DELE	DELE
	Partnerarbeit
	Differenzierungsaufgabe (leicht)
	Differenzierungsaufgabe (schwer)
▶ Los verbos, p. 182	Verweis auf Seiten im Schülerbuch

Bild- und Textquellenverzeichnis: © actionpress/Alfaqui S.L., S. 5 – actionpress: © Mümken, S. 76 – © Atlantide Phototravel/Corbis, S. 87 (oben) – © clipdealer, S. 33 – © Collection Christophel, S. 71 – © Cornelsen, Amann, S. 89, S. 75, S. 26 – © Cornelsen, Delgado, S. 3, S. 38, S. 38 (Mitte), S. 41, S. 43 – © Fotolia.com, S. 30 (oben links), S. 30 (4. v. unten), S. 7, S. 14 – © Fremdenverkehrsamt Spanien, S. 55 (rechts) – Getty Images, S. 86 – © Getty Images/Bongarts, S. 12 – Getty Images: © Fagan, S. 70 – © iStockphoto, S. 83, S. 84, S. 90, S. 65 (rechts), S. 36 (oben), S. 36 (Mitte), S. 29, S. 30 (unten) – © John Harris/SAL/OSF/OKAPIA, S. 38 (unten) – © London Illustrated News/brigdemanart.com, S. 87 (Mitte) – © Lucentum Digital, S. 85, S. 30 (oben rechts) – © mauritius images/Jutta Ulmer, S. 36 (unten) – © mauritius images/AGE Fotostock, S. 55 (links) – © mauritius images/Bridge, S. 8 – © mauritius images/Delimont, S. 74 – © mauritius images/Superstock, S. 65 (links) – Panthermedia: © Michael K., S. 55 (Mitte) – © shutterstock, S. 13 – © www.radioteca.net, S. 59 – © Yomgui Dumont, S. 15.

www.cornelsen.de

2. Auflage, 9. Druck 2020

Druck: Athesiadruck GmbH

ISBN 978-3-06-520337-1

PEFC/18-31-166
PEFC zertifiziert
Dieses Produkt stammt aus nachhaltig bewirtschafteten Wäldern und kontrollierten Quellen.
www.pefc.de

¡HOLA!

¿TE ACUERDAS?

1 **Estar**, **ser** o **hay**. Adrián es de Mallorca pero desde hace años vive en Salamanca. Ahora le escribe una postal a su abuelo. Usa **estar**, **ser** o **hay**.

Ahora [yo] __estoy__ en la Plaza de Anaya. __es__ mi lugar favorito. Aquí siempre __hay__ muchos estudiantes. Enfrente __están__ las dos catedrales de esta postal, __son__ muy famosas. Detrás de ellas __está__ el Huerto de Calixto y Melibea. Por allí __está__ la casa de Maribel, ella __es__ mi mejor amiga. Ahora __está__ en la ciudad pero en verano se va porque aquí no __hay__ playa. El año pasado fue a Palma, dice que __está__ una ciudad muy bonita. Y dice que __hay__ lugares interesantes para hacer caminatas o piragüismo. Dice que en Mallorca __hay__ muchas montañas. ¡Yo __soy__ de Mallorca y no me acuerdo de nada! ... Escríbeme pronto. Adrián

2 Determinante posesivo. ¿Qué sustantivos van con qué determinante posesivo? Escribe los números de los sustantivos en las casillas y así haz preguntas a tus compañeros.

¿Qué tal ¿Dónde está/están	vuestro	4	10	12	13	?
	vuestra	1	6	5	7	?
	vuestros	2	8	11	14	?
	vuestras	3	9	15	16	?

1 ciudad
2 cedés
3 vacaciones
4 viaje
5 fiesta del sábado
6 primas
7 semana
8 deberes
9 mochilas
10 proyecto de Tecnología
11 planes
12 verano
13 examen
14 padres
15 zapatillas
16 clase de Español

3 Pronombres de complemento. La madre de Adrián habla con él. ¿Qué le contesta Adrián? | Worauf beziehen sich die unterstrichenen Wörter? Markiere die direkten oder indirekten Objekte.

¿Llevas tus gafas de sol? 1	a Sí, ¿por qué no <u>les</u> compramos algo de Salamanca?
¿No vas a llevar tu libro? 2	b ¿<u>Le</u> pregunto si necesita su chaqueta?
¿Sabes si van a estar tus primos en Mallorca? 3	c ¿Quiénes son? No <u>los</u> conozco.
Ah, por cierto, van a estar Silvano y Raquel. 4	d Sí, ya <u>las</u> llevo.
Mira, tu padre dejó su chaqueta aquí. 5	e No, <u>lo</u> terminé de leer ayer.

4 **El imperativo con pronombres de complemento. Primero forma el imperativo singular. Después usa un pronombre de complemento directo o indirecto y contesta las preguntas. No olvides los acentos.**

1. toma ______ (*tomar*) –¿Me prestas <u>un boli</u>? –Sí, ¡Tómalo ______!
2. ______ (*llevar*) –¿Llevo <u>la ensalada</u> a la mesa? –Sí, ¡______!
3. ______ (*escribir*) –¿<u>Le</u> mando una postal <u>a Luisa</u>? –Sí, ¡______!
4. ______ (*contar*) –¿<u>Le</u> digo eso <u>a mi padre</u>? –Sí, ¡______!
5. ______ (*beber*) –¿Me puedo acabar <u>el zumo</u>? –Sí, ¡______!
6. ______ (*cantar*) –¡Ya me sé <u>la canción «bailar»</u>! –Pues, ¡______!

5 **El verbo gustar. Roberto y Laura son los mejores amigos y hacen muchas cosas juntos. Pero no siempre les gusta lo mismo. Tú le cuentas a un amigo cómo son él y ella.**

☺ el zumo de naranja los pantalones anchos ☹ levantarse temprano los cedés de Shakira	☺ bailar las faldas ☹ esquiar los pantalones de Roberto	☺ ver pelis las fiestas ☹ el queso las Mates

A Roberto le gusta mucho el zumo. Pero no le gustan nada… los cedés de shakira.

A Laura le gusta bailar las faldas Perono le gusta esquiar y los pantalones de Roberto

A los dos les gusta… ver pelis y las fiestas, pero no le gustas el queso y las Mates

6 **Pon los verbos en el grupo de verbos correcto. Después conjuga un verbo de cada grupo en tu cuaderno.**

~~contar~~ ~~pensar~~ ~~poder~~ ~~preferir~~ pedir ~~entender~~ ~~volver~~ ~~seguir~~ ~~acordarse~~ ~~empezar~~

o → ue	e → ie	e → i
volver	entender	seguir
acordarse	empezar	pedir
poder	pensar	
contar	preferir	

1 MALLORCA – ANTES Y HOY

¡ACÉRCATE!

1 **¿Qué sabes ahora de las Islas Baleares? Primero completa las preguntas con un pronombre interrogativo. Contéstalas con la información del texto.** ▶ Texto, p. 12–13.

1. ¿ Cómo se llama la Comunidad Autónoma de esas islas? – las islas Baleares
2. ¿ Dónde está el pico más alto de Mallorca? – en el noroeste de Mallorca
3. ¿ Cuantas lenguas hablan los mallorquines? – 2 (Español, catalán)
4. ¿ Cuál deporte es muy popular en la zona de Alcudia? – ir una bici
5. ¿ Quiénes pasan sus vacaciones en Marivent? – los reyes de España

2 a **Escribe los números en cifras.** ▶ Los números, p. 182

1. 12.000.000 (doce millones) de turistas visitan Mallorca cada año.
2. 43 (cuarenta y tres) puertos tiene Mallorca.
3. 30.000 (treinta mil) alemanes viven en la capital.
4. 120.000 (ciento veinte mil) habitantes de Mallorca no son de España.
5. 3.300 (tres mil trescientos) molinos de viento hay en Mallorca.

2 **b** **¿Qué número escuchas? Márcalo.**

1. a) 550.601 ☒
   b) 560.500 ☐
   c) 556.600 ☐
2. a) 2.904.000 ☐
   b) 2.984.000 ☒
   c) 2.080.004 ☐
3. a) 67.241 ☐
   b) 77.241 ☒
   c) 67.041 ☐
4. a) 31.444 ☒
   b) 31.344 ☐
   c) 31.544 ☐
5. a) 1.399.000 ☐
   b) 1.300.099 ☐
   c) 1.399.009 ☒
6. a) 15.515 ☐
   b) 15.555 ☒
   c) 15.155 ☐

3 **¿Quién quiere ser millonario? Prepara dos tarjetas (p. 89) sobre los temas Mallorca y España para este programa de la tele. En clase jugad con las preguntas de todos.**

Modelo:

Los reyes de España pasan las vacaciones de verano en el Palacio de…			
A	Marimorena	B	Marisol
X	Marivent	D	Maribel

1A ANTES TODO ERA DIFERENTE

COMPRENDER EL TEXTO

casi = fast

naranjos = Orangenbäume

1 Corrige las frases con la información del texto. ▶ Texto, p. 15

1. Alberto es el padre de Adrián, tiene 37 años y vive en Sóller, cerca de Salamanca.

Alberto es el abuelo de Adrián, tiene 73 años y vive en Palma

2. Sóller está bastante lejos de Palma y en coche llegas en una hora y media.

Sóller está a 33 kilómetros de Palma, y en coche llegas en menos de media hora

3. Entre Palma y Sóller hay un tren pero ya no funciona.

Entre Palma y Sóller hay un tren pero ahora es casi solo para turistas

4. La casa de Alberto era pequeña, tenía un piso y un patio sin árboles.

La casa de Alberto tenía un patio con naranjos.

5. Entonces al abuelo no le gustaba hablar catalán en la calle.

Entonces estaba prohibido hablar catalán

6. Antes el abuelo tenía un pájaro que se llamaba Popi.

Antes el abuelo tenía un perro que se llamaba Pipo

ESCUCHAR

3 **2 a** DELE Adrián te cuenta qué había en su casa cuando era niño y vivía en Mallorca. Escucha y marca las respuestas correctas. A veces hay más de una. ▶ Hören, p. 158

1. Su casa era…
   - [a] muy grande.
   - [b] muy bonita.
   - [c] vieja.
2. En el patio había…
   - [a] muchas flores.
   - [b] tres almendros.
   - [c] tres naranjos.
3. Cuando comía…
   - [a] el padre ponía la mesa.
   - [b] el abuelo hablaba de Mallorca.
   - [c] el postre siempre era una naranja.
4. (En) la habitación de Adrián…
   - [a] era muy grande.
   - [b] siempre era un caos.
   - [c] había libros de su padre.

¡Antes de escuchar, lee las preguntas y las posibles respuestas!

3 **b** Escucha otra vez: ¿Por qué Adrián vive en Salamanca?

PRACTICAR

3 ¿Cómo era la vida de tu compañero/-a cuando tenía siete años? Hazle la entrevista. Escribe sus respuestas.

1. ¿Dónde vivías (*vivir / tú*)? Vivía en Lausanne
2. ¿Cómo se llamaba (*llamarse*) tu colegio? se llamaba Adolf-Reichwein
3. ¿Qué te gustaba (*gustar*) jugar? ______
4. ¿Cómo se llamaba (*llamarse*) tu mejor amigo? ______
5. ¿Tenías (*tener / tú*) un libro favorito? ¿Cuál era (*ser*)? ______
6. ¿Adónde ibas (*ir*) de vacaciones? ______
7. ¿Cuál era (*ser*) tu ropa favorita? ______
8. ¿Qué hacías (*hacer*) todas las tardes? ______

4 Una prima de Adrián cuenta de su vida en Palma. Completa su historia con los verbos en imperfecto. Después escucha y revisa tus respuestas.

~~jugar~~ ~~tener~~ ~~vivir~~ ver ~~ser~~ ~~ir~~ ~~buscar~~ decir

ENTRE CULTURAS
Welches deutsche Kinderspiel entspricht „policías y ladrones"?

Cuando yo tenía cinco años, vivíamos en Palma. A esa edad ya iba a la escuela. Mis hermanos y yo éramos unos niños bastante curiosos. Todas las tardes jugábamos en la calle o en la playa. Nuestro juego favorito era «policías y ladrones[1]». Nosotros, los policías, buscábamos a los ladrones y estos se escondían muy bien. A veces íbamos a Alcudia para ver a nuestras primas, ellas vivían allí. Pero otras veces yo iba con mi madre a S'Albufera. Allí veíamos pájaros muchas horas. Ella me decía los nombres de todos ellos…

1 el ladrón *Dieb*

5 Haced el tándem de la página 93.

6 Luna quiere saber cómo es Travemünde, el pueblo de Florian. Ayúdale a Florian a escribir un correo electrónico. Usa el comparativo. ▶ Resumen, p.24/3

Travemünde	Palma	Travemünde y Palma
< famoso/-a	> interesante	= bonito/-a
las calles > tranquilo/-a	> grande	la gente = majo/-a
el tiempo > malo/-a ⚠	el tren > viejo/-a	
los domingos > aburrido/-a	el verano > largo/-a	

Para: Luna Ávalos León
Asunto: Mi pueblo, Travemünde

Querida Luna:

Te cuento de mi pueblo. Travemünde es menos famoso que Mallorca, pero para mí…

Te echo mucho de menos. Un beso,

Florian.

7 ¿Qué cuenta Alberto de los años 50? ¿Qué opina? ¿Cómo eran las cosas? Usa el comparativo y pon los verbos en imperfecto. ▶ Resumen, p.24/3

1. Antes las playas *ser* / > bonito/-a / ahora.

2. No hacer los deberes *ser* / > malo/-a / tener bronca en casa porque los profes *ser* / > estricto/-a / nuestros padres.

3. La vida *ser* / > tranquilo/-a / ahora, pero nosotros *ser* / < feliz / porque la policía *controlar* todo.

4. El cine no *ser* / = divertido/-a / ahora porque antes la policía no *dejar* ver pelis con besos.

5. Las calles *ser* / > tranquilo/-a / ahora. Ahora siempre hay mucha marcha.

6. Antes aprender catalán *ser* / < fácil / ahora porque *estar* prohibido.

8 **«Mi mundo de pequeño.» Busca una foto divertida o haz un dibujo de cómo era tu habitación antes, cuando tú todavía eras pequeño/-a. Escribe: qué tenías, cómo pasabas el tiempo en tu habitación, si tenías una habitación para ti, si tenías pósters.**

METHODEN ▶ S. 156

Usa el diccionario si no conoces una palabra en español para escribir tu texto.

Mi rincón

Usa: *cuando, siempre, entonces, en aquellos años, a veces.*

Mi habitación es bonita

AQUÍ TU FOTO O DIBUJO

1B ENCUENTROS DE VERANO

COMPRENDER EL TEXTO

1 a Lee el texto y une las frases con una línea. ▸ Texto, p. 19

A veces…	a	1	Clara iba de camping con su familia.
Todos los días…	b	2	Clara y Luna vieron un grupo de alemanes.
Después de dos semanas…	c	3	llegó Luna.
Una tarde…	d	4	Clara y sus abuelos veían telenovelas.
De repente…	e	5	ella y Clara fueron a la playa.
Por la mañana…	f	6	las chicas y los alemanes paseaban.

b Subraya en el ejercicio 1a los marcadores temporales del imperfecto una vez y dos veces los del indefinido.

DELE

2 ¿Cuál es el marcador temporal correcto? Escríbelo. ▸ Texto, p. 19

1. Tim, Florian, Niklas y Leonie eran amigos ____
   a desde hace muchos años.
   b una vez.
   c al final.

2. ____ Luna, Clara y los alemanes fueron inseparables.
   a Siempre
   b Desde aquel día
   c A veces

3. ____ Luna, Clara y los alemanes pasaban horas en la playa.
   a Por la tarde
   b Ayer
   c Ese verano

4. ____ llegó la hora de la despedida.
   a Desde hace tres semanas
   b Después de tres semanas
   c En tres semanas

5. ____ lloramos todos.
   a Todo el día
   b Siempre
   c Aquel día

¿TE ACUERDAS?

3 Pon la primera y tercera persona singular de los verbos siguientes en indefinido. ¡Ojo con la ortografía!

	buscar	empezar	ser / ir	llegar	jugar
[yo]	busqué	____	____	____	____
[él/ella]	____	____	____	____	____

4 Escribe en tu cuaderno qué hiciste ayer. Usa el pretérito indefinido.

primero — luego — después — de repente — entonces — al final

en tu casa — con tu familia — en el instituto — en tu habitación — con tus amigos

5 Luna, Clara y sus amigos alemanes van a comprar al mercado. Completa los diálogos con **este** o **ese**.

PRACTICAR

6 Luna y Florian miran fotos de ella. Completa con una forma de **este**, **ese** y **aquel**.

1. Mira, ________ chico es Roberto, es muy simpático.
   Y ________ chico de gafas ahí se llama David.
   ________ chico que juega al fútbol es mi primo.

2. Y aquí ves mi calle, ________ casa verde allí es de mis abuelos. Mi casa es ________, la casa roja.
   Y ________ casa aquí, es la casa de mis tíos.

3. ________ chicas con camisetas rojas son de otro instituto.
   ________ chicas con camisetas verdes son de mi instituto. Y
   ________ chicas con camisetas azules son mis mejores amigas.

4. Y mira, tenemos muchos árboles, ________ allí son de naranja,
   ________ árboles ahí son almendros y ________
   de aquí son limoneros[1].

1 el limonero *Zitronenbaum*

7 a **Luna le escribe una carta a su prima Marilú. Completa el texto con las formas correctas del pretérito imperfecto y del pretérito indefinido.** ▶ Resumen, p. 24/2

Hola, Marilú:

¿Qué tal? No te puedes imaginar qué me ______________ (pasar) ayer. Mira, hace unos días ______________ (conocer / yo) a unos chicos alemanes cuando Clara y yo ______________ (pasear). Yo los ______________ (ver) primero, pero no le ______________ (decir) nada a Clara. De repente los chicos nos ______________ (mirar) y ______________ (reírse). ______________ (ponerse / nosotras) rojas como tomates. Entonces la chica del grupo ______________ (hablar) con nosotras. Desde ese día ______________ (ser) amigos inseparables. Yo ______________ (pasar) mucho tiempo con Florian. Hace unos días él y yo ______________ (salir) juntos, ______________ (ir) a la playa y ______________ (escribir) nuestros nombres en la arena[1].

Ayer, cuando los otros ______________ (jugar) voleibol, Florian y yo ______________ (charlar) un poco, de repente me ______________ (dar) un beso. Yo ______________ (callarse) y ya no ______________ (decir) nada más. Él ______________ (ponerse) muy triste.

Mañana voy a hablar con él.

Un beso,

Luna

1 la arena *Sand*

b **Unos días después, Marilú recibe la carta y la contesta. Ella también conoció a un chico. Inventa cómo fue la historia de Marilú y escribe la carta en tu cuaderno.** ▶ Resumen, p. 24/2

ir a un campamento — *hacer* mucho deporte — *conocer* a un chico — *llevarse* mal con él — todo *cambiar* — todos los días *hacer* piragüismo — *caerse* de la piragua[1]

1 la piragua *Kanu*

8 **Rafael Nadal, un deportista de las Baleares. Conoce su vida. Usa el imperfecto y el indefinido.**

Cuando era pequeño, Rafael Nadal ______________ (*jugar*) mucho al fútbol, al baloncesto y al tenis. Pero muy pronto ______________ (*dejar*) los otros deportes y ______________ (*decidir*) jugar solo al tenis. A los nueve años

_________________ (*ganar*) su primer campeonato oficial en las Baleares. A los doce _________________ (*tener*) su primer campeonato en España. Cuando tenía campeonatos, por las mañanas _________________ (*ir*) a la escuela, y por las tardes todos los días _________________ (*jugar*) o _________________ (*entrenar*). En 2001, con 15 años, _________________ (*empezar*) a jugar como profesional. Hoy en día es uno de los mejores jugadores del mundo.

ESCUCHAR

5 **9** **Escucha el comentario sobre Rafael Nadal, apunta los superlativos y describe al tenista[1].** ▶ Resumen, p. 25/4

1. … es una de _________________ de las Baleares.
2. Para las chicas, _________________ de Manacor, Mallorca.
3. Para la gente de su pueblo _________________ del barrio.
4. Para sus amigos, _________________ de las Baleares.
5. Seguro que es el tenista _________________.
6. En 2009 _________________ en el Roland Garros[2].
7. Juega los torneos[3] _________________ de España y del mundo.

1 el/la tenista *Tennisspieler/in* 2 Roland Garros *Tennisturnier in Frankreich* 3 el torneo *Turnier, Wettkampf*

6 **10** DELE **Unos turistas piden información sobre el parque natural de S´Albufera. Primero lee las preguntas. Después escucha y marca la respuesta correcta. A veces hay más de una.**

1. La entrada del parque:
   - [a] es gratis.
   - [b] es solo para grupos.
   - [c] en verano es gratis.
2. S´Albufera es un parque protegido desde…
   - [a] 1988.
   - [b] 1998.
   - [c] 2008.
3. En el parque…
   - [a] hay muchas especies, no solo pájaros.
   - [b] también hay otros proyectos.
   - [c] solo hay pájaros.
4. En invierno…
   - [a] 10.000 pájaros se van del parque.
   - [b] 10.000 pájaros se quedan en el parque.
   - [c] 10.000 pájaros prefieren quedarse cerca de las Islas Baleares.

ESPAÑA EN DIRECTO

11 a Lee el folleto y contesta en tu cuaderno las preguntas de un amigo alemán.

Einige unbekannte Wörter kannst du verstehen, indem du andere Sprachen zu Hilfe nimmst.

1 Kann man das ganze Jahr Sport treiben?

2 Was kann man außer Wassersport noch machen?

3 Was könnte meine kleine Schwester machen?

Consell de Mallorca

Govern de les Illes Balears

MALLORCA

MALLORCA NORTE ACTIVA: ¡El norte de Mallorca todo el año!

Tenemos mucho para ofrecerte durante todo el año: senderismo, ciclismo y bicicleta de montaña, golf, paseos a caballo. Alquiler de kayak y piragua. Todo para ti. Además: Excursiones a caballo de una o varias horas, de un día entero e incluso varios días. Clases para montar. Paseos en ponis para niños.

ACTIVE NORTH MAJORCA: North Majorca all the year!

North Majorca has a lot to offer all the year round: trekking, cycling and mountain biking, golf, horse riding, kayak and canoeing. All for you! And also: Excursions on horseback for one or several hours, one day or several days. Riding lessons. Pony riding for children.

____

____

____

____

____

____

____

____

____

____

b La oficina de turismo quiere ofrecer el folleto también en alemán, tú haces unas prácticas allí. Redacta el texto en alemán.

12 Haz en tu cuaderno un texto publicitario para Mallorca o Menorca como este. Pon un dibujo o toma una foto de Internet y usa para tu texto **tanto(s)/-a(s)** + sustantivo.

Illes Balears

- Ven a las Islas Baleares, una de las Comunidades más bonitas de España.
- Aquí hay tantos lugares para ti.
- Visita nuestras islas y costas porque siempre hay tanta gente maja y simpática.
- ¡En las Baleares siempre hay tantas cosas que hacer!

Consell de Mallorca

Mi rincón de lectura

Por Yomgui Dumont. Idea: Marion Begoc

1 Mira los dibujos. ¿Qué están haciendo las personas? Describe cada dibujo con una o dos frases en tu cuaderno. ▶ Ein Bild beschreiben, p. 163

2 Imagina una situación más como en el cómic y escribe los diálogos de tu cómic.

¡ACÉRCATE!

7 **1** Escucha los cuatro minidiálogos. Después relaciónalos con el dibujo correspondiente. ▶ Hör-Sehverstehen, p. 159

2 a Completa la tabla y forma el imperativo negativo de los verbos. ▶ Resumen, p. 42/1

infinitivo	1ª persona singular (yo)	imperativo negativo	
		tú	vosotros/-as
discutir	**discuto**	**no discutas**	no discutaís
estudiar	estudio	no estudies	no estudiés
comer	como	no comas	no comáis
tener	tengo	no tengas	no tengáis
salir	salgo	no salgas	no salgáis
poner	pongo	no pongas	no pongáis

b Adrián siempre tiene problemas con su hermano. ¿Qué le dice? Usa el imperativo negativo. ▶ Resumen, p. 42/1

¡No te metas en mis cosas!

¡No me hagas preguntas sobre mis amigos! ¡No me digas "pequeño"! ¡No vayas a los conciertos conmigo! ¡No leas mis mensajes! ¡No escuches mis cedés! ¡No juegues en mi ordenado[r]! ¡No te pongas mis gorras!

2A PARA MÍ NO SOLO ES UN OBJETO

COMPRENDER EL TEXTO

DELE **1 a** **Marca si la información es correcta, falsa o no está en el texto.** ▶ Texto, p. 33–34

	c	f	¿?
1. Maribel lleva su cadena todo el tiempo.	X		
2. El amigo de Maribel se fue a vivir a Madrid con su hermano.			X
3. El abuelo de Miguel también tocaba el acordeón.	X		
4. Miguel quiere aprender a cantar como Julieta Venegas.		X	
5. La cámara de Carlos es más moderna que la de su amiga.		X	
6. Carlos ya tiene el dinero para comprarse una cámara nueva.		X	
7. A veces, los amigos de Ana le regalan abanicos.	X		
8. Los padres de Ana van a la fiesta del instituto para verla bailar.			X

b **Corrige las tres frases falsas del ejercicio a.**

4. Miguel le gusta la musica de Julieta Venega
5. La cámara de Carlos es menos moderna que la de su amiga
6. Carlos ahorra para comprarse una cámara nueva

VOCABULARIO

2 **Busca en el texto vocabulario para hablar sobre música y vídeos y haz dos asociogramas. Después complétalos con otras palabras que ya conoces.** ▶ Texto, p. 33–34, ▶ Wortschatz lernen, p. 154

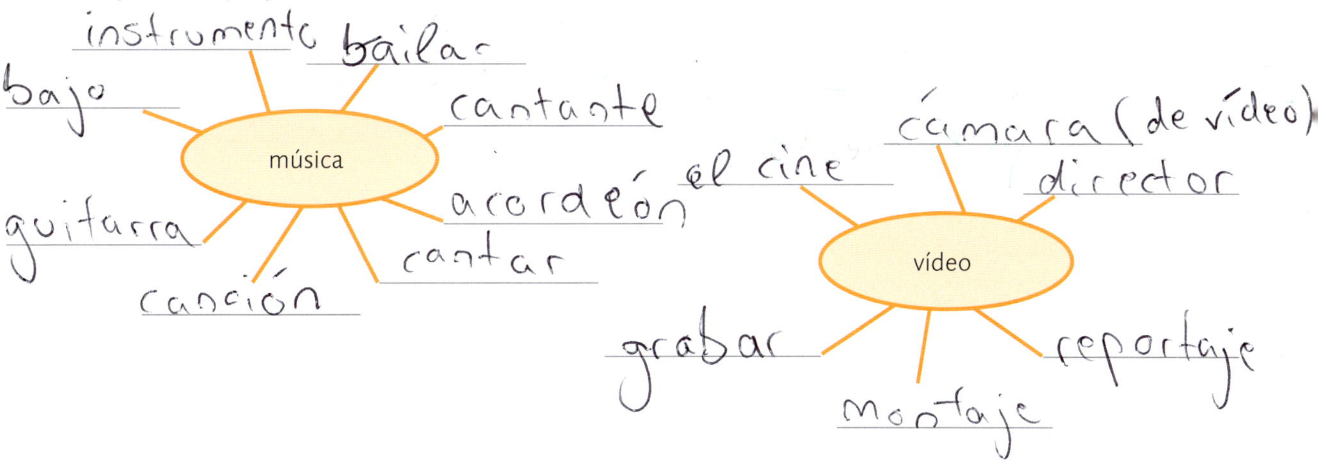

¿TE ACUERDAS?

3 **Lee los adjetivos y los sustantivos y marca las combinaciones posibles. ¡Fíjate en la concordancia!**

	nuevo	especiales	moderna	grande	bonitos	caras
una cámara			X	X		
unos abanicos		X			X	
unas cadenas		X				X
un acordeón	X			X		

PRACTICAR

4 a Busca en el texto los adverbios que terminan en **-mente** y apúntalos aquí. ▶ Texto, p. 33–34

tranquilamente normalmente simplemente
actualmente prácticamente

b Forma los adverbios de los siguientes adjetivos. ▶ Resumen, p. 42/3

perfecto/-a especial fácil lento/-a posible

perfectamente especialmente fácilmente
Lentamente posiblemente

c ¡Acuérdate! Presente de indicativo. | Usa cinco adverbios de los ejercicios a y b y describe un día normal de tu vida.

Normalmente me levanto a las 7 de la mañana. Bebò un caffee y como algo. Durante la semana yo simplemente voy a la escuela y despues

me encuentro con mis amigos o mi familia. Durante la semana paso la noche tranquilamente.

5 a Completa la tabla y forma el presente de subjuntivo de los verbos. ▶ Resumen, p. 42/4

infinitivo	1ª persona singular (yo)	presente de subjuntivo	
hablar		[yo]	[nosotros]
beber		[ella]	[ustedes]
vivir		[tú]	[vosotros]
venir		[él]	[ellos]

b Completa la tabla con las formas de los verbos irregulares en subjuntivo. ▶ Los verbos, p. 185–191

infinitivo	presente de subjuntivo		
ser	[yo]	[tú]	[nosotros]
ir	[él]	[vosotros]	[ellos]
haber	[él]		

c **Busca las formas del subjuntivo de los infinitivos en la sopa de letras.** ▶ Los verbos, p. 185–191

poder ______________ ______________

volver ______________ ______________

cerrar ______________ ______________

querer ______________ ______________

pensar ______________ ______________

m	p	u	e	d	a	t	e	g	c	v	á	u
u	o	q	e	h	c	e	c	b	e	m	u	l
c	d	u	d	l	m	q	u	e	r	á	i	s
n	a	c	a	v	b	e	y	r	r	e	s	i
g	m	p	s	e	n	l	c	i	e	r	r	e
v	o	l	v	á	i	s	d	a	m	s	a	o
c	s	h	u	o	r	r	í	t	o	e	s	a
p	é	p	e	n	s	e	m	o	s	b	i	p
i	q	y	l	n	t	u	v	f	a	u	d	n
á	v	i	v	c	l	q	u	i	e	r	a	s
d	é	s	a	í	y	u	n	a	g	h	é	n
p	i	e	n	s	e	n	l	n	o	c	s	e

8 **d** **Escucha las frases y complétalas con los verbos que faltan.**

Achte besonders auf die Rechtschreibung!

1. Espero que ______________ una buena nota en el examen mañana.
2. Quiero ver la peli esta noche. No me importa que ______________ tarde.
3. Ya son las ocho. ¿No te importa que ______________ tarde otra vez?
4. No me gusta que tus primos siempre ______________ al fútbol con nosotros.
5. Mi amiga quiere que ______________ una fiesta de cumpleaños para ella.
6. ¿Quieres que yo ______________ el café? Tú lo pagaste ayer.
7. No me gusta este parque. Prefiero que ______________ un lugar más bonito.

6 a **¿Qué quieren tu familia y tus amigos que hagas? Escribe diez frases con subjuntivo en tu cuaderno.**
▶ Resumen, p. 42/4

Mi/s amigo/-a/s Mi padre/madre Mis padres Mi/s hermano/-a/s	quiere/n que espera/n que prefiere/n que	(no)	*ayudar* en casa. *decirles* la verdad. *jugar* al voleibol (con ellos/ellas). *hacer* mis deberes. *sacar* malas notas.
A mi/s amigo/-a/s A mi padre/madre A mis padres A mi/s hermano/-a/s	le/s encanta que (no) le/s gusta que (no) le/s importa que		*ver* mucho la tele. *volver* tarde. *ir* a un concierto (con ellos/ellas). *tocar* el acordeón. *organizar* una fiesta en mi casa.

b **Y tú, ¿qué quieres de ellos? Escribe diez frases en tu cuaderno.** ▶ Resumen, p. 42/4

7 **¿Infinitivo o subjuntivo? Sara quiere que su novio pase todo su tiempo con ella. ¿Qué le dice?**

Ejemplo: querer / ir al cine

1. querer / jugar al ping-pong
2. querer / escuchar un cedé
3. querer / tomar algo
4. preferir / ir al parque
5. esperar sacar (nosotros) una buena nota en Lengua
6. querer / comer un bocadillo

1. ______________________________

2. ______________________________

3. ______________________________

4. ______________________________

5. ______________________________

6. ______________________________

8 **Presenta tu actividad favorita. Puedes escribir por qué te gusta, con quién la haces y desde cuándo.**

Mi rincón

me gusta (que)

no me importa (que)

estoy loco/-a por

me encanta (que)

(no) soy un/a fanático/-a de

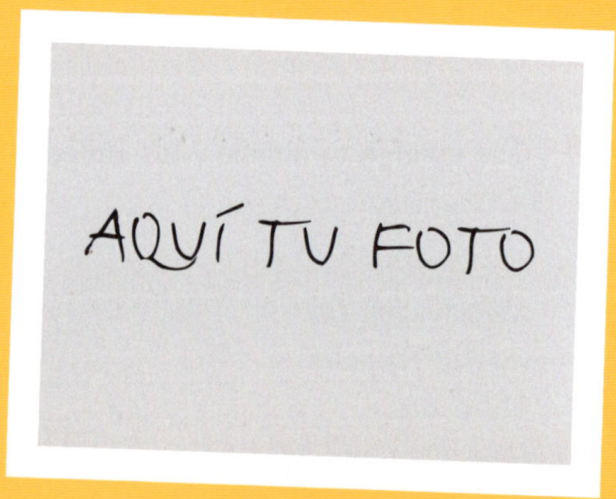

____

____

____

____

____

____

____

____

____

9 Completa con el pronombre posesivo correcto. ▶ Resumen, p. 42/2

ESCUCHAR

9 10 a Escucha la conversación de Ana y Javi sobre la clase de Educación Física y marca los deportes que mencionan.

9 b Escucha otra vez la conversación y marca la frase correcta. ▶ Detailgenaues Hörverstehen, p. 158

DELE

1. Ana y Javi hablan sobre…
   - ☐ sus deportes favoritos.
   - ☐ sus profes de Educación Física.
   - ☐ sus profes favoritos.
2. A Javi le gusta que en la clase de Educación Física…
   - ☐ siempre jueguen al fútbol.
   - ☐ jueguen al fútbol y al tenis.
   - ☐ hagan cosas diferentes.
3. Los profesores de Javi y Ana se llaman…
   - ☐ Juan y Sara.
   - ☐ Juan y María.
   - ☐ María y Sara.
4. La profesora de Ana quiere que sus alumnas…
   - ☐ aprendan a patinar.
   - ☐ aprendan a esquiar.
   - ☐ jueguen al voleibol.
5. ☐ Javi va
   ☐ Ana va
   ☐ Ana y Javi van
   … a esquiar a los Pirineos.
6. Javi…
   - ☐ ya sabe esquiar.
   - ☐ todavía no sabe esquiar.
   - ☐ tiene miedo de esquiar.
7. Ana…
   - ☐ tiene un examen ahora.
   - ☐ tiene un examen mañana.
   - ☐ no tiene clase mañana.
8. Ana y Javi quieren ir al cine…
   - ☐ esta noche.
   - ☐ el martes.
   - ☐ el fin de semana.

2B Y TÚ, ¿PASAS?

COMPRENDER EL TEXTO

DELE **1** **Lee el texto y marca la respuesta correcta. A veces hay más de una.** ▶ Texto, p. 37

1. Muchos adultos piensan que los jóvenes de hoy
   - ☐ son solidarios.
   - ☐ son consumistas.
   - ☐ son independientes.
   - ☐ no son solidarios.

2. Según Ana,
   - ☐ mucha gente pasa de las injusticias sociales.
   - ☐ muchos jóvenes pasan de las injusticias sociales.
   - ☐ mucha gente está triste por las injusticias sociales.

3. La mayoría de la gente que participa en proyectos
   - ☐ son adultos.
   - ☐ son estudiantes.
   - ☐ son jóvenes.

4. Adrián piensa que para cambiar algo tienen que participar
   - ☐ sobre todo los adultos.
   - ☐ todos los jóvenes.
   - ☐ los jóvenes y los adultos.

5. A María le gusta
   - ☐ hacer deporte.
   - ☐ ir de compras.
   - ☐ pasar tiempo con sus amigos.
   - ☐ participar en proyectos.

6. De los cuatro invitados
   - ☐ solo uno es un pasota.
   - ☐ dos participan en proyectos.
   - ☐ solo Javi participa en un proyecto.

ESPAÑA EN DIRECTO

10 **2** **a** **Escucha y completa la estadística sobre los jóvenes españoles.**

	LE GUSTA	LO HACE
salir o quedar con amigos	96 %	92 %
	95 %	93 %
	95 %	92 %
estar con su novio/-a		
hacer viajes, turismo		
ir al cine	73 %	61 %
ir al teatro y a conciertos	69 %	49 %
jugar en el ordenador		53 %
	60 %	

DELE **b** **A casi todos los chicos les gusta estar con su novio-/a y hacer viajes, pero pocos lo hacen. ¿Tienes alguna idea por qué es así?**

3 **Subraya las expresiones que rigen[1] el subjuntivo. Después haz frases con el verbo correspondiente en subjuntivo.** ▶ Resumen, p. 43/5

1. No creo que los jóvenes de hoy *ser* pasotas.

____

2. No es bueno que tanta gente *pasar* de los problemas del mundo.

____

3. Para que *poder* (nosotros) cambiar algo es necesario que todos *participar* (ellos).

____

4. Es importante que *empezar* (nosotros) ahora.

____

5. Perdona que no *poder* visitarte mañana, es que tengo un proyecto.

____

1 regir (e ⟶ i) *hier: einleiten*

4 **¿Qué les dices a tus amigos en estas situaciones? Pon los verbos en subjuntivo y completa las frases.**

interrumpir tener estudiar dormir venir

1. Siempre saco malas notas en Matemáticas.

Es necesario que ______________________.

2. Carlos y yo todavía no sabemos si vamos a venir a tu fiesta de cumpleaños.

Es importante que ______________________.

3. Yo duermo todo el día.

No es bueno que ______________________.

4. ¿Tenéis un examen esta semana?

No, no creo que ______________________
______________________.

5. Tu amigo está hablando por el móvil, pero tu necesitas hablar con él ahora mismo.

Perdona que ______________________
______________________.

11 **5 a El abuelo de Miguel quiere regalarle el acordeón a su nieto (p. 33 del libro). Escucha y apunta sus motivos.**

1. Al abuelo le importa que alguien de la familia ______________________________
______________________________.
2. Quiere que Miguel ______________________________.
3. Quiere que su nieto ______________________________.
4. Él sabe que a Miguel no le importa ______________________________.
5. Espera que a Miguel le ______________ pero si[1] no, prefiere que ______________.
6. Cree que es necesario que ______________ para que él ______________.

1 si *falls, wenn*

b Preparad y haced el juego de roles de la página 89.

DELE **6 ¿Son los jóvenes de hoy unos pasotas? ¿Tú qué piensas? Escribe un texto de 150 palabras y da tu opinión.**

(no) creo que (no) me parece que (no) pienso que opino que sé que	sin embargo además sino (que) porque pero no solo… sino también

____
____
____
____
____
____
____
____
____
____
____
____
____

7 Haced el tándem de la página 94.

MEDIACIÓN

8 **a** Tu vecino, Michael, está loco por aprender español y por participar en un proyecto en España. Pidió información en inglés pero le llegó una carta en español y no la entiende muy bien. Lee la carta que recibió y explícale qué tiene que hacer. ▶ Sprachmittlung, p. 170

1. Muss ich alles auf Englisch schreiben?

2. Was soll ich in das Formular eintragen?

3. Soll ich an drei Hilfsprojekten teilnehmen?

4. Was soll ich in der E-Mail schreiben?

5. Spätestens in vier Wochen soll ich das Formular zurückschicken, oder?

Estimado Michael Schröder:

Gracias por tu interés. Te enviamos con esta carta información de todos nuestros proyectos y un formulario. Puedes mandarnos el formulario en inglés. Ahí tienes que escribir cuánto tiempo puedes quedarte, cuántas horas quieres ayudar, qué ciudades te interesan. Escríbenos en qué proyectos quieres participar (hasta tres).

Escríbenos también un e-mail (en español): cuéntanos quién eres, qué haces, y por qué quieres trabajar con nosotros. También necesitamos un número de teléfono donde te podemos llamar.

Por favor, envía tu formulario a más tardar en cuatro semanas. Nosotros nos vamos a comunicar contigo.

Atentamente,

Susana García

1. ______________________________

____

2. ______________________________

____

3. ______________________________

____

4. ______________________________

____

5. ______________________________

b ¿Qué sinónimo del verbo **enviar** ya conoces? Búscalo en la carta.

____

TALLER DE ESCRITURA

9 a Michael Schröder escribió dos mensajes: uno sin ayuda (1) y otro con la ayuda de su amigo (2). Léelos. Subraya en el segundo correo los adjetivos, las expresiones, los adverbios, los adverbios temporales y los enlaces. ▶ Den Schreibprozess organisieren, p. 165

1

Estimada Susana García:

Tengo 15 años. Vivo en Wetzlar, Alemania. Voy al instituto Goetheschule. Aprendo inglés y español. Vivo con mis padres y mis hermanos. Tengo una hermana y un hermano.

En mi tiempo libre hago deporte y quedo con mis amigos. Estoy en un grupo solidario. Ayudamos a personas sin hogar. Charlamos con ellos y les regalamos algo por Navidad o en su cumpleaños. Me gustaría[1] participar en un proyecto solidario en España. Quiero hacer algo para ayudar. Me gusta el proyecto jardín ecológico[2] en Menorca. Mi número de teléfono es el 0049 6442 852345.

Atentamente,

Michael Schröder

2

Estimada Susana García:

Soy un chico joven de 15 años y vivo en Wetzlar, Alemania. Actualmente estoy en la clase 9 del instituto Goetheschule. Allí aprendo inglés y español.

Vivo con mis padres y mis hermanos. Mi hermana tiene doce años y es muy importante para mí. Mi hermano ya tiene 18 años y es mi mejor amigo.

En mi tiempo libre juego a menudo[3] al baloncesto, mi deporte favorito. Además, me gusta quedar con mis amigos.

Desde hace un año estoy en un grupo solidario que ayuda a personas sin hogar. Charlamos con ellas y normalmente les regalamos algo bonito por Navidad o en su cumpleaños. A veces es difícil, sin embargo es necesario que nos preocupemos más por estas personas.

Me encanta aprender español, por eso me gustaría participar en un proyecto solidario en España y poner mi granito de arena. Mi proyecto favorito es el jardín ecológico en Menorca. Espero que pronto pueda empezar allí.

Mi número de teléfono es el 00 49 6442 852345.

Atentamente,

Michael Schröder

1 me gustaría *ich würde gerne* 2 el jardín ecológico *der ökologische Garten* 3 a menudo *oft*

So kannst du bessere Sätze schreiben:

Verwende viele **Adjektive** wie: *interesante, diferente, especial, favorito/-a, nuevo/-a, difícil, …*
Verwende viele **Redemittel**: *es necesario que, me gustaría, espero que, poner mi granito de arena, …*
Verwende **Adverbien** wie: *normalmente, actualmente, muy, prácticamente, posiblemente, …*
sowie **temporale Adverbien** wie: *ahora, hoy, hace un año, desde hace, siempre, a menudo, a veces, …*
Verwende **Konnektoren** wie: *y, además, o, pero, sin embargo, que, por eso, porque, para que, …*

b ¡Ahora tú! Elige uno de los proyectos y escribe una carta a Susana García: preséntate y escribe qué haces y por qué quieres participar. ▶ Eine Bewerbung schreiben, p. 166

1

Parque zoológico, Tenerife

2

Orfanato[1], Menorca

3

Proyecto internet para todos, Huelva

Al final, revisa tu texto y corrige:

- ☐ el uso del subjuntivo,
- ☐ la concordancia de adjetivos y sustantivos,
- ☐ el uso de gustar.

1 el orfanato *das Waisenhaus*

Mi rincón de lectura

EMILIO REGUANT

¡Hola a todos! Esta foto no es de mi hermana pequeña sino de Emily, la ‹ahijada›[1] de nuestra clase. Sí, la ahijada, ahora somos todos ‹padrinos›[2]. ¿Y que cómo llegamos a interesarnos por una alumna de primaria en Ecuador, un país que antes apenas conocíamos? Pues muy fácil: en Ética hablamos de la suerte de haber nacido[3] en un ambiente agradable[4] y seguro como el nuestro y la mala suerte de haber nacido en un barrio o una ciudad con muy pocas posibilidades. Entonces la profe nos contó de un colegio en Quito, en Ecuador, en un barrio donde hay muchas familias cuyos[5] padres se han marchado[6] a España o Italia para trabajar pero pronto se olvidan de sus familias y a veces los hijos ya no van a clases. Primero dijimos ¡qué guay no tener que ir al cole! Pero claro, si estudiar es la única forma de avanzar[7] un poco, no poder ir al cole es menos divertido. La profe conoce el colegio personalmente y siempre sabe de algunos alumnos que necesitan ayuda. Bueno, nos dijo que un mes de colegio cuesta unos 45 euros, y entonces una alumna tuvo una idea genial: hacer galletas[8] de Navidad y venderlas[9] en una galería comercial[10] antes de Navidad. Pedimos permiso[11] en una galería, hicimos kilos y kilos de galletas y las vendimos en saquitos de 100 gramos. La gente se volvió loca: vendimos todas las galletas en solo cuatro horas y nos quedamos con 700 euros. Parece que en Navidad la gente es súper generosa… ¿o solo comen más galletas? No sé, igual, ¡ya tenemos suficiente pasta[12] para pagarle un año de colegio a Emily!

Ayer a las 18:12 · **Me gusta** · **Comentar**

A **Maite Mazarrón** y a **Vero Castro** les gusta eso.

COMENTARIOS

➤ **Nicolás Marín** genial tío, muy buena idea. ¿y qué vais a hacer con el resto de la pasta?
Hace 3 horas · **Me gusta.**

➤ **Noemi Pardal** ¡enhorabuena!, estáis haciendo algo estupendo y muy solidario. ¡os felicito!
Hace 15 horas · **Me gusta.**

➤ **Lara Grilinpizzi** ¿se puede saber algo más de Emily, la ahijada? ¿le vais a escribir también?
Ayer a las 22:14 · **Me gusta.**

➤ **Marc Reguant** hola primo, así que eres padrino ahora… ¿nos vemos el sábado? un abrazo.
Ayer a las 20:22 · **Me gusta.**

1 el ahijado, la ahijada *das Patenkind*
2 el padrino *der Pate*
3 haber nacido *geboren sein*
4 agradable *angenehm*
5 cuyo/-a *deren, dessen*
6 se han marchado *sie sind gegangen*
7 avanzar *vorankommen*
8 la galleta *der Keks*
9 vender *verkaufen*
10 la galería comercial *das Einkaufszentrum*
11 pedir permiso *um Erlaubnis bitten*
12 la pasta *fam.: Geld*

1 **Fasse Emilios Text auf Deutsch zusammen und erkläre ihn einem Freund, der kein Spanisch spricht.**
▶ Sprachmittlung, p. 170

2 **Escribe en tu cuaderno un comentario más.**

AUTOCONTROL 2

Lösungen auf S. 100

1 Vocabulario. | Haz el crucigrama.

horizontal:

1 Alguien que canta profesionalmente.
5 Algo que está de moda es ___.
6 Alguien que está loco por una cosa.
7 La necesitas para grabar vídeos.

vertical:

1 El Real Madrid es un ___ de fútbol.
2 Es un instrumento.
3 Es un instrumento como la guitarra.
4 Alguien que pasa por los problemas sociales.

2 Der **presente de subjuntivo** (Verben mit Stammwechsel). | Conjuga los verbos.

	decir	querer	contar
[yo]			
[tú]			
[él/ella]			
[nosotros/-as]			
[vosotros/-as]			
[ellos/-as]			

3 Der **presente de subjuntivo** (unregelmäßige Verben). | Conjuga los verbos.

	ser	ir	estar
[yo]			
[tú]			
[él/ella]			
[nosotros/-as]			
[vosotros/-as]			
[ellos/-as]			

4 Der **presente de subjuntivo**. | Lee otra vez los textos de tu libro, después completa las frases con la forma correcta del subjuntivo de los verbos. ▶ Texto, p. 33–34

aprender ser acordarse bailar ir poder ver tener estudiar

1. Hugo quiere que Maribel ______________ de él porque se va a vivir a Madrid.
2. Maribel espera que se ______________ (ellos) pronto.
3. El abuelo quiere que Miguel ______________ su acordeón y que lo ______________ a tocar.
4. A Miguel le gusta que el acordeón no ______________ como la guitarra o el bajo.
5. Carlos espera que pronto ______________ comprar una cámara nueva.
6. Los padres de Ana quieren que ella ______________ más y ______________ menos.
7. No les gusta que Ana ______________ mucho al club de flamenco.

5 Der **presente de subjuntivo** (Auslöser). | Marca las expresiones que rigen[1] el **subjuntivo**.

- ☐ es bueno que
- ☐ no creo que
- ☐ espero que
- ☐ me gusta que
- ☐ creo que
- ☐ pienso que
- ☐ prefiero que
- ☐ prefiero
- ☐ me gusta
- ☐ es importante que
- ☐ no me importa que
- ☐ no pienso que
- ☐ para que
- ☐ es verdad que
- ☐ es necesario que
- ☐ seguro que

1 regir *hier: einleiten*

6 a Adverbien. | Ordena los adjetivos y adverbios en la tabla.

simplemente interesante malo/-a especialmente bonito/-a bien
prácticamente mal bueno/-a caliente bastante curioso/-a

adjetivos	adverbios

b Completa las frases con un adverbio del ejercicio a.

1. En Andalucía hace mucho calor, ______________ en verano.
2. Sin embargo, viajamos ______________ todos los años ahí.
3. Es que ahí siempre nos sentimos ______________.

3 ¡SIENTE MÉXICO!

¡ACÉRCATE!

DELE **1** **Lee el texto y consulta el mapa de México en el libro. Marca si las frases son verdaderas o falsas.**
▶ Texto, p. 48–49

	V	F
1. Teotihuacán tiene playas muy lindas para el surf.	☐	☐
2. Las pirámides de Teotihuacán son impresionantes.	☐	☐
3. Si estás en Oaxaca, no te pierdas Chichen Itzá.	☐	☐
4. La Pirámide del Sol está cerca de Palenque.	☐	☐
5. En medio de la selva hay ruinas mayas.	☐	☐
6. Hay ruinas mayas en Yucatán.	☐	☐

PALENQUE

2 **¿Qué expresiones usas para recomendar un lugar o una actividad? Búscalas en el texto.** ▶ Texto, p. 48–49

____

____

12 **3** **a** **Tres chicos te cuentan que van a México. ¿Adónde van?** ▶ Selektives Hörverstehen, p. 158

Miguel: ____________ Sara: ____________ Luisa: ____________

12 **b** **Escucha otra vez a los chicos. Con lo que sabes del país y tus apuntes del ejercicio 2, recomiéndales un lugar.**

1. Miguel: ______________________________
2. Sara: ______________________________
3. Luisa: ______________________________

____

4 **Un amigo español está nervioso porque tiene que presentar un tema en tu clase. Ayúdalo.** ▶ Resumen, p. 60/1

Ejemplo: Si no encuentras información en los libros, podemos buscar en Internet.

1. ______________________________, puedes usar mi ordenador.
2. ______________________________, podrías venir a mi casa por la tarde.
3. ______________________________, podemos escribir el texto juntos.
4. ______________________________, podemos ir a la biblioteca.
5. ______________________________, ¡llámame!
6. ______________________________, podemos ir al cine esta noche.

3A DIARIO DE VIAJE

COMPRENDER EL TEXTO

1 Lee el texto. Escribe el nombre de los lugares que visitaron Sergio y sus amigos (lee también Acércate, p. 48–49). ▶ Texto, p. 51–52

VOCABULARIO

2 Completa con una palabra de la misma familia. Encuentras las palabras en el texto 3A. ▶ Texto, p. 51–52

verbo	sustantivo	adjetivo
	el interés	
impresionar		
	la parada	X
comer		X
		caliente
	el camino	X
	la importancia	
	el sueño	X

3 a **Prepara el juego de roles (p. 89): primero busca en el texto (p. 51–52) palabras para hablar de la comida mexicana.**

la comida mexicana

para decir que un plato (no) nos gusta

platos típicos

alimentos[1]

1 los alimentos *die Nahrungsmittel*

b **Ahora prepara el juego de roles (A, p. 89 y B, p. 90). Usa tus apuntes de a.** ▶ Rollenspiele, p. 162

PRACTICAR

4 a **Completa la leyenda[1] maya de Ixchel e Itzama con el pretérito indefinido o el pretérito imperfecto.** ▶ Los verbos, p. 185–191

Cuenta una leyenda maya que hace muchísimos años, vivía una diosa[2] que se llamaba Ixchel, en maya «la chica blanca». Itzama, el dios del sol, la *vio / veía* una vez y los dos *se enamoraron / se enamoraban* en ese momento. Unos años después *se fueron / se iban* a vivir al otro lado del mundo. Ahí todos los días *pasearon / paseaban* y *se divirtieron / se divertían*. A veces a Ixchel le *gustó / gustaba* estar sola y *prefirió / prefería* salir sin Itzama. Pero, él era un dios muy celoso[3], entonces un día *discutió / discutía* con Ixchel. Ella *se puso / se ponía* muy triste, de repente *se puso / se ponía* blanca, muy blanca, blanquísima. Itzama la *miró / miraba* y ya no quiso estar con ella por su color. Ella simplemente *salió / salía* de casa y *dejó / dejaba* a Itzama.
Todos los días él la *echó / echaba* de menos. Un día *se decidió / se decidía* y la *buscó / buscaba*, pero Ixchel se escondió. Al otro día *pasó / pasaba* lo mismo. Cada vez que Itzama la *buscó / buscaba* en una parte del mundo, ella siempre *se escondió / se escondía* en la otra. Así nació la noche, así nació el día: cuando Itzama deja nuestra mitad del mundo para buscar a Ixchel, la diosa de la luna[4], vuelve a nuestra mitad y nos trae la noche.

1 la leyenda *die Legende* 2 el dios, la diosa *der Gott, die Göttin* 3 celoso/-a *eifersüchtig* 4 la luna *der Mond*

b **Sergio le cuenta a Aixa del viaje. Pon el pretérito indefinido o el pretérito imperfecto.** ▶ Los verbos, p. 185–191

Primero Miguel, Marina y yo ______________ (*estar*) en México D.F. y ______________ (*ir*) a Xochimilco. Hace tres días la madre de Miguel nos ______________ (*preparar*) un plato de mole poblano, que yo no ______________ (*conocer*).

Luego Miguel nos ______________ (*llevar*) al Popocatépetl. Cuando ______________ (*ser*) pequeño, él siempre ______________ (*ir*) allí con sus padres, no ______________ (*haber*) carretera, pero a ellos les ______________ (*gustar*) mucho ir cada año al volcán.

Después ______________ (*ir*) a Oaxaca, y cada vez que paraba el bus, ______________ (*ver / nosotros*) a muchos chicos que ______________ (*tener que*) trabajar para ayudar a sus familias. ______________ (*vender*) comida y artesanías.

Ayer ______________ (*coger*) el bus en Oaxaca y ______________ (*venir*) hasta aquí, a San Cristóbal…

5 **¿Qué piensa Sergio? Apunta sus deseos. Usa ojalá + subjuntivo.** ▶ Resumen, p. 61/6

llevarme bien con los amigos de Miguel — la comida no *picar* mucho — *funcionar* mi móvil — no *perderme* en México D.F. — *hacer* buen tiempo — *acostumbrarme* al clima — no *perdernos* — *conocer* lugares interesantes — no *llover*

¡Ojalá me guste la comida mexicana! ______________

____

____

____

____

____

6 **Haced el tándem de la página 95.** ▶ Resumen, p. 61/6

7 ¿Qué dicen estas personas? Usa **ser/estar** + adjetivo. ▶ Resumen, p. 60/2

malo/-a | rico/-a | bueno/-a

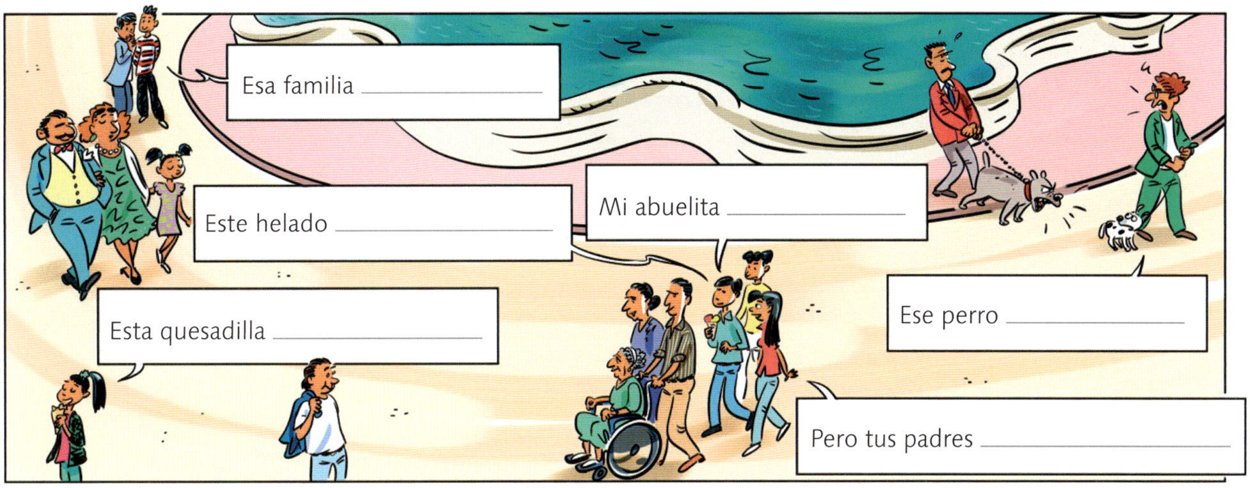

8 **Preposiciones por y para.** | **Expresa las siguientes frases en español. Escribe las frases en tu cuaderno.**

- Dieses Geschenk ist für dich.
- Danke, dass du mir hilfst.
- Interessierst du dich für Mexiko?
- Danke für die Blumen!
- Diese E-Mail ist für alle meine Freunde.
- Ist das ein Problem für dich?
- Wieviel hast du für das Handy bezahlt?
- Ich habe all das für dich (= deinetwegen) getan!

9 **Pasas un año en México en una familia mexicana. Una amiga que no habla español te visita. Interpreta lo que dice. No olvides usar ser/estar + adjetivo y las preposiciones por y para adecuadamente.**

1. „Sag' bitte deinen Gasteltern, dass dieses Geschenk für sie ist."

Mi amiga dice ______________________________

2. „Bitte sag' deiner Gastmutter, dass das Essen toll schmeckt!"

____

3. „Frag' sie bitte, ob sie für mich auch einmal Mole Poblano machen kann."

____

4. „Bitte sag' deiner Gastmutter, dass es mir heute nicht so gut geht und ich deshalb nicht so viel essen kann."

____

5. „Und vergiß nicht ihnen Danke für ihre Gastfreundschaft[1] zu sagen!"

____

1 die Gastfreundschaft *la hospitalidad*

ESCUCHAR

13 **10** **En un mercado de artesanías en Chiapas, una turista española habla con una vendedora indígena. Se interesa por la ropa hecha a mano. Escucha el diálogo y apunta las respuestas.** ▶ Selektives Hörverstehen, p. 158

1. ¿Por qué prenda[1] de ropa se interesa la turista?

____

2. ¿Para quién es?

____

3. ¿Por cuánto la quiere comprar?

____

4. ¿Por cuánto la vendedora la vende al final? ______________________________

1 la prenda *das Kleidungsstück*

MÉXICO EN DIRECTO

11 a **Lee la información del Parque Nacional Iztaccíhuatl-Popocatépetl. Subraya en el texto el equivalente español de las siguientes palabras alemanas:**

sich erstrecken über | ein großer Teil von | liegen | (be)schützen | der Regen | stören

b **En la entrada del Parque Popocatépetl-Iztaccíhuatl ves esta información. Explícale a tus compañeros qué dice sobre el parque, qué son los Tlaloques y qué tipo de animales viven en el parque.** ▶ Texteinhalte wiedergeben, p. 160

el teporingo

Parque Nacional Iztaccíhuatl-Popocatépetl

El Parque Nacional Iztaccíhuatl-Popocatépetl es un área protegida desde 1935. Ocupa buena parte de la Sierra Nevada y queda a 60 kilómetros al suroeste de la Ciudad de México.

Los antiguos mexicanos cuidaban mucho esta zona llena de agua porque para los indígenas la naturaleza era muy importante: las montañas, los volcanes y los ríos representaban a los «tlaloques». Los tlaloques ayudaban a Tláloc –el dios de la lluvia– a crear agua, así las flores, los animales y la gente siempre tenían agua.

Ayúdanos a cuidar el agua. Respeta las zonas de ecoturismo, no molestes a los animales. En este lugar viven animales que solo existen en nuestro país: el venado[1] cola blanca, el puma, el lince[2], el coatí[3] y el conejo[4] zacatuche o teporingo.

¡Vuélvete un tlaloque y cuida de los animales y del agua!

Comisión Nacional de Áreas Naturales Protegidas

SEMARNAT
Secretaría de Medio Ambiente y Recursos Naturales

1 el venado *Hirsch* 2 el lince *Luchs* 3 el coatí *Nasenbär* 4 el conejo *Kaninchen*

3B UN DÍA MÁS

COMPRENDER EL TEXTO

DELE **1** ¿Cómo es un día normal en la vida de Aixa? Lee el texto y ordena las imágenes. Dos dibujos sobran. ▶ Texto, p. 56

2 ¿Quién dice esto? ¿En qué situación? Escribe también la línea en el texto. ▶ Texto, p. 56

1. «¡Aixa! ¡Levántate, que ya son las seis!»

   La abuela dice esto cuando despierta a Aixa por la mañana. (l. 1)

2. «Aixa, ven, ¿quieres hablarle un poquito a tu padre?»

3. «¡Dámelo! ¡Es mío!»

4. «Si quieres ser doctora, tienes que estudiar mucho.»

5. «¡Ay, qué fría!»

6. «Mi abuela dice que la falda vale 30 pesos.»

7. «¿Te duele la cabeza? Te voy a decir cómo hacer un té que te puede curar.»

8. «Luci, ¿sabes qué me contó mi papá ayer? ¡No te lo vas a creer! Escucha, te cuento…»

8 a **Busca el sinónimo o el antónimo de las siguientes palabras en el texto.** ▶ Texto, p. 56

≠ corto/-a		≠ la ciudad	
= explicar en otra lengua		= caminar	
= el colegio		= necesitar (en tiempo)	

b **Completa el texto con los sinónimos o antónimos del ejercicio a.** ▶ Wortschatz lernen, p. 154

Aixa vive en el ______________________, pero su ______________________ está en San Cristóbal de las Casas.

El camino es bastante ______________________, sobre todo porque no hay bus y Aixa tiene que

______________________. Por eso ______________________ unos 40 minutos para llegar. En clase Aixa habla dos

lenguas, el tzotzil y el español. Por eso sabe ______________________ para los turistas en el mercado.

ESCRIBIR

9 a **Marina piensa que su vida es muy diferente a la vida de Aixa. ¿Cómo crees que es la vida de esta chica española? ¿Cómo es la vida de Aixa? Imagina las diferencias y apúntalas.** ▶ Den Schreibprozess organisieren, p. 165

Puedes usar:
más/menos + adj. que,
tan… como

b **¿Qué escribe Marina sobre Aixa en el blog de Sergio? Imagina qué le sorprende a Marina y qué escribe en el blog. Usa tus apuntes del ejercicio a. Puedes escribir sobre estos temas:**

el día a día de ella y el de Marina

qué aprende Aixa y qué aprende Marina

el lugar donde vive Aixa y donde vive Marina

Hola, chicos:
Hace una semana conocí a una chica muy especial. Desde entonces pienso mucho en mi vida y cómo la vivo… Os tengo que contar que…

ESCUCHAR

14 **10** DELE

Sergio y Marina están en un mercado en Ciudad de México y escuchan a dos merolicos. Marca las respuestas correctas. A veces más de una es correcta. ▶ Selektives Hörverstehen, p. 158

ENTRE CULTURAS

En México el merolico es el vendedor que va a pie y anuncia en voz muy alta sus productos. Normalmente habla sin parar y muy rápido.

Merolico 1:

1. El señor vende:
   - a café
   - b agua
   - c zumo
2. Vende su oferta por:
   - a treinta pesos
   - b veinte pesos
   - c quince pesos
3. En su oferta vende:
   - a una botella
   - b dos botellas
   - c tres botellas

Merolico 2:

1. La vendedora vende:
   - a tamales
   - b tortillas
   - c tacos
2. Hay de:
   - a mole
   - b chile
   - c pollo
3. Vende su producto por:
   - a 5 pesos
   - b 15 pesos
   - c 10 pesos

11 **Aixa espera que se cumpla su sueño: ser doctora. ¿Cuál es tu sueño? Escribe al menos cuatros frases.**

Mi rincón

me gustaría… quiero… ojalá algún día… espero que el próximo año… mi sueño es que un día…	porque	soy bueno/-a en… me encanta/gusta… soy…

Mi rincón de lectura

1 ¿Qué sabes sobre los aztecas? Busca información en el Pequeño diccionario. ▶ Libro, p. 179

2 Lee el tercer párrafo (l. 13–15) y mira el dibujo de la leyenda. Relaciona los dibujos con los sustantivos.
▶ Texte über ihre Gestaltung erschließen, p. 159

la isla

el lago

el águila

la serpiente

La leyenda de Tenochtitlan

Hace muchos años los aztecas vivían en el norte de México, en un pueblo que se llamaba Aztlán. Un día, un sabio[1] de este pueblo escuchó un colibrí, que le prometió un lugar maravilloso[2]. El colibrí dijo: «Tenemos que encontrar el ombligo[3] de la luna[4]». El sabio le contó todo esto a los habitantes de Aztlán. Entonces todos se fueron a buscar este lugar.

Buscaron más de cien años sin encontrar nada. Hasta que se quedaron en un lugar tranquilo porque ya no querían buscar más. Pero por la noche uno de ellos tuvo un sueño, soñó con Huitzilopochtli, el dios[5] colibrí. Él le dijo: «No podemos quedarnos aquí. Debemos encontrar una isla redonda[6] con un cactus grande y un águila[7] con una serpiente[8]: ese es el ombligo de la luna.» Al día siguiente otra vez, buscaron… y buscaron muchos años más.

Un día llegaron a un lago enorme. En el lago había una isla con un cactus grandísimo y encima de él vieron un águila que comía una serpiente. Todos se pusieron muy contentos y decidieron quedarse allí porque habían encontrado México, en náhuatl, el ombligo de la luna.

Poco después uno de los hombres oyó una voz[9]. Era la voz de Tláloc, el dios de la lluvia[10], y le dijo: «Bienvenidos, aquí va a crecer un pueblo nuevo y con el tiempo va a formar un imperio[11]». Y eso hicieron. Al principio construyeron[12] unas casas pequeñas, pero poco a poco el lugar se convirtió en[13] la capital del imperio azteca: Tenochtitlan era en sus tiempos una de las ciudades más grandes del mundo, con quinientos mil habitantes. Esta ciudad existió dos siglos. Pero esto cambió en 1519, cuando un conquistador[14] español, Hernán Cortés, llegó con sus hombres. Los habitantes de Tenochtitlan recibieron bien a los españoles. Pero Cortés destruyó[15] la ciudad. Sin embargo, los ruinas de Tenochtitlan existen todavía en el centro de la actual Ciudad de México.

1 un sabio *ein weiser Mann*
2 maravilloso/-a *hier: besondere/r/s*
3 el ombligo *der Nabel, hier: Mitte*
4 la luna *der Mond*
5 el dios *der Gott*
6 redondo/-a *rund*
7 el águila *der Adler*
8 la serpiente *die Schlange*
9 una voz *eine Stimme*
10 el dios de la lluvia *der Regengott*
11 el imperio *das Imperium, das Reich*
12 construyeron *bauten*
13 se convirtió en *verwandelte sich in*
14 el conquistador *der Eroberer*
15 destruyó *zerstörte*

3 Busca para cada párrafo un título. ▶ Texte gliedern, p. 160

AUTOCONTROL 3

Lösungen auf S. 101

1 **Vocabulario.** | **Escribe en tu cuaderno el nombre de los lugares y cosas con el artículo.**

2 **Indefinido e imperfecto.** | **Forma el pretérito indefinido y el pretérito imperfecto de estos verbos.**

	pretérito indefinido	pretérito imperfecto
1. *comer* / yo		
2. *conocer* / yo		
3. *doler* / él/ella		
4. *estar* / nosotros/-as		
5. *ir* / nosotros/-as		
6. *picar* / él/ella		
7. *ser* / él/ella		
8. *tener que* / ellos/-as		
9. *vender* / ellos/-as		
10. *venir* / nosotros/-as		
11. *ver* / nosotros/-as		
12. *viajar* / vosotros/-as		

3 **Presente de subjuntivo.** | **Aixa piensa en su futuro. Apunta sus deseos. Usa ojalá + subjuntivo.**

1. *ir* a la universidad ______________________
2. *ser* doctora algún día ______________________
3. *tener* hijos ______________________
4. *poder* trabajar en mi pueblo ______________________
5. *ser* feliz ______________________

4 **Preposiciones por y para.** | **¿Qué preposición llevan las siguientes expresiones, por o para? Escríbela.**

1. interesarse ____________
2. gracias ____________
3. ahorrar algo ____________
4. irse ____________ ahí
5. pasear ____________
6. ____________ mí fue lo mejor
7. trabajar ____________ ayudar a la familia
8. perfecto ____________ hacer surf
9. Los tomates son ____________ el guacamole.

5 **Superlativo absoluto.** | **Reescribe las frases en tu cuaderno y usa el superlativo absoluto.**

1. Estas quesadillas están ricas, el mole hoy está malo.
2. México y Colombia son países interesantes y grandes.
3. La chica que conocí ayer es simpática y graciosa.
4. El examen de Historia fue difícil y largo.

6 **Algún und ningún.** | **Aixa habla con su madre. Completa con algún o ningún.**

Aixa: Todavía hay ____________ faldas y ____________ pantalones, pero ya no hay muchas camisetas, no hay ____________ camiseta roja y ____________ pantalón verde. Y pantalones azules ya no hay tampoco, no veo ____________. Ayer no vendimos camisas, ____________ turista quiso comprarlas.

Madre: ¿____________ compró camisas? Bueno, entonces mañana solo llevamos ____________. No vendimos ____________ cadena, ¿llevamos ____________ mañana?

7 **Posición de los pronombres.** | **Todos quieren algo de Aixa. Completa con un imperativo y dos pronombres.**

Lo que le preguntan o piden a Aixa		Lo que Aixa contesta
1. ¿Me abres la puerta?	→ ¡Ábremela!	→ Te la abro ahora mismo.
2. ¿Me pasas la falda?	→ ____________	→ ____________
3. ¿Les puedes explicar los deberes a tus hermanos?	→ ____________	→ ____________
4. ¿No quieres contarle a tu padre lo que te pasó ayer?	→ ____________	→ ____________
5. ¿No le vas a poner los zapatos a tu hermano?	→ ____________	→ ____________
6. ¿Por qué no les das los juguetes a tus hermanos?	→ ____________	→ ____________

4 UN PASEO POR MADRID

¡ACÉRCATE!

¿TE ACUERDAS?

1 **Estás en Madrid y unos turistas te preguntan por el camino. Explícaselo.**

▶ Para hablar de los medios de transporte, p. 213

1. Oye, ¿me puedes decir dónde hay una farmacia?

2. Por favor, ¿para ir a la Plaza Nueva?

3. Perdona, ¿está por aquí el Cine Estrella?

1. ______________________________

____

2. ______________________________

____

3. ______________________________

____

____

ESCUCHAR

15 **2 a** **Estás con tu clase en Madrid. Vuestro profesor os explica qué vais a hacer esta tarde y adónde tenéis que ir. Escucha y apunta los nombres de los lugares en el plano del ejercicio 1.** ▶ Hör-Sehverstehen, p. 159

15 **b** **Escucha otra vez, luego escribe la hora y los precios.** ▶ Selektives Hörverstehen, p. 158

1. Ahora son las [_ _ : _ _].
2. El teatro empieza a las [_ _ : _ _].
3. Los bocadillos cuestan entre ______ € y ______ €.
4. En metro tardan unos ______ minutos.

PRACTICAR

3 Preparad y haced el juego de roles de la página 89.

4 a ¡Acuérdate del imperativo! Primero marca qué persona del verbo es.

	[tú]	[vosotros]	[usted/ustedes]
1. Habla más despacio.	X		
2. Cerrad las puertas, por favor.			
3. Bájate en «Sol».			
4. No te preocupes.			
5. Vuelve pronto.			
6. Explicadme el camino.			
7. No cojas la línea roja.			
8. Volved mañana.			
9. Ten cuidado.			

b Ahora completa la tabla del ejercicio a con el imperativo de usted o ustedes. ▶ Resumen, p. 80/1

5 En metro por Madrid. Haced el tándem de la página 97.

ESPAÑA EN DIRECTO

6 a Lee el texto y subraya el equivalente español de las siguientes palabras alemanas:

Benachrichtigung Fahrgast
vorübergehend anbieten

DELE

b Estás con tus padres en Madrid y vais en metro de la estación Ibiza (línea 9) al Aeropuerto de Barajas (línea 8). Mira el plano de metro, después explícales los avisos a tus padres. ▶ Plano de metro, p. 246

Aviso a los usuarios del metro de Madrid

Metro

Línea 8 y 9: estación COLUMBIA temporalmente cerrada.
Para cambiar de línea por favor usen la línea 4 entre AVDA. DE AMÉRICA y MAR DE CRISTAL.

Línea 8: cerrada temporalmente entre las estaciones CAMPO DE LAS NACIONES y BARAJAS. La Comunidad ofrece a los usuarios del metro un servicio especial de autobuses entre esas estaciones.

Por favor disculpen las molestias.

4A ¡ME HE QUEDADO A CUADROS!

COMPRENDER EL TEXTO

DELE **1** **Marca si la información es correcta (c), falsa (f) o no está en el texto (¿?).** ▶ Texto, p. 71

	c	f	¿?
1. Adrián es el intercambio de Toño.	☐	☐	☐
2. Toño lo está pasando bomba.	☐	☐	☐
3. Los chicos ya han visitado el Museo del Prado.	☐	☐	☐
4. Toño normalmente cena temprano.	☐	☐	☐
5. Toño y Tobias han comido tapas de jamón y queso en casa.	☐	☐	☐
6. Sonja piensa que los alemanes también se tocan mucho.	☐	☐	☐
7. Sonja es una aficionada al fútbol.	☐	☐	☐
8. Los chicos han ido también al Palacio Real.	☐	☐	☐
9. Los chicos alemanes han estado en una corrida de toros hoy.	☐	☐	☐

Antes de contestar, lee cuidadosamente cada frase.

PRACTICAR

2 **Preparad y haced el juego de roles de la página 91.**

3 **Adrián ha salido de casa y ha dejado mensajes para sus padres y su hermano Pablo. Completa con el pretérito perfecto.** ▶ Resumen, p. 80/2

Hola, mamá, ______________ (salir / yo) porque ______________ (quedar / yo) con Toño e Ismael para entrevistarlos. Los dos ______________ (pasar) el día en el centro con los alemanes. Pablo y yo todavía no ______________ (comprar) fruta y jamón, es que no ______________ (tener) tiempo. ¡Lo siento! Otra cosa: ______________ (llamar) papá para decir que viene más tarde. ¿Ya ______________ (decidir / vosotros) si vamos a visitar a la abuela mañana? Necesito saberlo pronto.

Adrián

Pablo, ______________ (encontrar / yo) tu móvil debajo del sofá. ¡______________ (recibir / tú) muchos mensajes! Pero claro que no los ______________ (leer / yo)... ☺

4 a **Encuentra los cinco participios irregulares en la sopa de letras. Después escribe los infinitivos de estos verbos en la tabla.** ▶ Resumen, p. 80/2

V	D	I	B	R	E	R	T	O	E	Q	R
I	L	H	V	S	S	N	S	A	H	L	P
S	W	F	D	I	C	H	O	S	E	G	U
T	R	M	O	E	R	T	E	P	C	J	E
O	L	É	I	P	I	C	M	E	H	I	S
V	L	R	A	C	T	E	I	T	O	Q	T
V	U	E	L	T	O	B	M	I	C	I	O

Infinitivo

volver __________ __________

__________ __________

__________ __________

b **Por la tarde, Toño llama a un amigo. Completa con el pretérito perfecto de los verbos del ejercicio a.**

Hoy Tobias y yo ________________ mogollón de cosas muy divertidas y ________________ a casa bastante tarde. En el metro ________________ (yo) a mi profesora de Inglés, pero no le ________________ nada. Luego, en casa, Tobias ________________ un e-mail a sus padres y yo ________________ los platos y los vasos en la mesa para la cena. Hemos comido un plato mexicano: tacos de pollo, ¡que rico!

5 **Por la noche, Adrián habla con su padre. Escribe la respuesta de Adrián.** ▶ Resumen, p. 80/2

esta mañana/tarde/noche · ya · todavía no · además · también · tampoco

sí	no
levantarse temprano	*ver* a mi hermano
ir al instituto	*jugar* al fútbol
comer algo con mis amigos	*escribir* el reportaje
poner fondo	*cenar*
pelearse con Ismael	*hacer* los deberes

Pues, esta mañana

6 El último día del intercambio, Sonja le escribe un mensaje a Ismael y le cuenta cómo lo ha pasado. Lee otra vez el texto 4A (p. 71), después imagina y escribe el mensaje de Sonja.

me he divertido mucho…

a veces me he sentido un poco rara porque…

algunas cosas me han llamado la atención:

en Alemania es imposible + *infinitivo*

resulta que…

me da corte + *infinitivo*

lo que pasa es que…

ESCUCHAR

16 **7** **Toño cuenta de otro día que ha pasado con Sonja. Escucha, después marca las frases correctas. A veces hay más de una.**

1. ¿Qué sabe Sonja del Real Madrid?
   - [ ] Quiénes juegan ahí.
   - [ ] Contra quién jugaron.
   - [ ] Quién metió los goles.
2. Los chicos han ido al Bernabéu
   - [ ] en bus.
   - [ ] en metro.
   - [ ] en bici.
3. ¿Qué piensa Toño del barrio de Malasaña?
   - [ ] Le parece aburrido.
   - [ ] Le gusta mucho.
   - [ ] Es muy moderno.
4. A Toño el fútbol
   - [ ] le encanta.
   - [ ] le parece aburrido.
   - [ ] le gusta bastante.
5. ¿Qué piensa Toño de la cena alemana?
   - [ ] Es rica.
   - [ ] No es rica.
   - [ ] Es muy temprano.
6. Toño ha estado en el Bernabéu
   - [ ] solo una vez.
   - [ ] dos veces.
   - [ ] muchas veces.

8 **Describe cómo has venido al instituto hoy. ¿Con quién has venido? ¿Qué has visto? ¿Qué ha pasado en el camino? ¿A qué hora has llegado?** ▶ Para hablar de los medios de transporte, p. 213

Mi rincón

salir de casa a las…

pasar por calles anchas/estrechas

ver un mogollón de…

estar lleno de alumnos

hacer buen tiempo, *hacer* frío, *llover*

ir a pie / en bici

coger el bus/metro

llamar la atención

MI PORTAFOLIO DE ESPAÑOL

Mit dem Portfolio kannst du deine Spanischfortschritte in den verschiedenen Bereichen Hören, Lesen, Schreiben, Sprechen, und Landeskunde in diesem Jahr feststellen. Schlage dein Portfolio hierzu regelmäßig auf, am besten, nachdem du ein „Autocontrol" abgeschlossen hast. Gehe die einzelnen Punkte durch und schätze dich selbst ein.

Nombre:	
Apellido:	
Fecha de nacimiento:	
Mi dirección:	
Mi instituto:	
Mi clase:	
Mi profesor/a de Español se llama:	
Aprendo español desde:	
Otros idiomas que aprendo:	
En casa hablo:	
Con mis amigos hablo:	

ESTANCIAS EN EL EXTRANJERO | AUSLANDSAUFENTHALTE

He estado en un país donde se habla español. sí ☐ no ☐

¿Cuándo? ______

¿Dónde? ______

¿Por qué? (vacaciones, intercambio, etc.) ______

✗ Das kann ich noch nicht so gut. ✗✗ Das kann ich schon gut. ✗✗✗ Das geht prima!

HÖREN

Ich verstehe

- [ ] … Wegbeschreibungen.
- [ ] … wenn mir jemand eine U-Bahn-Route erklärt.
- [ ] … CD-Aufnahmen mit einem leichten mexikanischen Akzent.
- [ ] … ein Gespräch (über Hobbys, Kleidung, Essen und Pläne).
- [ ] … wenn mir jemand erzählt, was er gemacht hat.
- [ ] … die Hauptaussagen authentischer Höraufnahmen.

Ich kann…*

- [ ] … beim Hören Notizen machen, z. B. bei einem Vortrag.
- [ ] … die wichtigsten Aussagen eines Interviews entnehmen.

LESEN

Ich verstehe

- [ ] … U-Bahn-Fahrpläne.
- [ ] … Fernsehprogramme.
- [ ] … Briefe, Postkarten, E-Mails und Leserbriefe über Alltagsthemen.
- [ ] … wichtige Aussagen von spanischen Prospekten, Plakaten und Statistiken.
- [ ] … einfache (Zeitungs-) Artikel.
- [ ] … einfache authentische literarische Texte.

Ich kann

- [ ] … im spanischen Internet recherchieren.
- [ ] … ein zweisprachiges Wörterbuch benutzen.

SCHREIBEN

Ich kann

- [ ] … einen Steckbrief zu meinem Land / meiner Region anfertigen.
- [ ] … einen Brief über meine Urlaubserlebnisse schreiben.
- [ ] … eine Rezension verfassen.
- [ ] … eine Zusammenfassung schreiben.
- [ ] … eine kurze Geschichte oder Legende schreiben.

SPRACHMITTLUNG

Ich kann

- [ ] … für jemanden Alltagsgespräche dolmetschen.
- [ ] … meinen Freunden/Eltern wichtige Aussagen aus Broschüren/Prospekten erklären.

SPRECHEN

Ich kann

- [ ] … über meine Urlaubserlebnisse in der Vergangenheit berichten.
- [ ] … über etwas Vergangenes berichten.
- [ ] … meine Ängste, Erwartungen und Wünsche ausdrücken.
- [ ] … in einer Debatte über ein bekanntes Thema eine Meinung vertreten.
- [ ] … mich auf eine Diskussion vorbereiten und sie führen.
- [ ] … Reiseeindrücke schildern.
- [ ] … Wortwiederholungen vermeiden.
- [ ] … etwas zum Essen und Trinken bestellen.
- [ ] … Wege mit öffentlichen Verkehrsmitteln beschreiben.
- [ ] … historische Daten vorstellen.
- [ ] … über Medien sprechen.
- [ ] … mich differenziert äußern.
- [ ] … über die Schule in Spanien und Deutschland sprechen und sie vergleichen.

EUROPA, SPANIEN UND MEXIKO

- [ ] … Ich kenne einige spanische Regionen und Städte.
- [ ] … Ich habe etwas über Mallorca erfahren.
- [ ] … Ich kenne andere Sprachen, die in Spanien gesprochen werden.
- [ ] … Ich weiß etwas über die Geografie und Geschichte Mexikos.
- [ ] … Ich kenne mindestens eine mexikanische Legende.
- [ ] … Ich weiß, was der „Día de los muertos" ist.
- [ ] … Ich weiß etwas über das Leben von mexikanischen Jugendlichen.
- [ ] … Ich kann mich in der Madrider U-Bahn orientieren.
- [ ] … Ich kenne die Namen verschiedener Sehenswürdigkeiten von Madrid.
- [ ] … Ich weiß etwas über die spanischen Essgewohnheiten.
- [ ] … Ich kenne die wichtigsten Fernsehsender Spaniens.
- [ ] … Ich weiß etwas über Europa und kann viele Länder nennen.
- [ ] … Ich weiß etwas über das spanische Schulsystem.
- [ ] … Ich weiß etwas über die spanischen Feste und Feiertage.
- [ ] … Ich kenne einige Wörter aus dem mexikanischen Spanisch.

Llena esta ficha y compártela con tu clase. Así podrás enterarte e intercambiar información sobre cantantes, estaciones de radio, libros, series o páginas de Internet para mejorar tu español.

ACTIVIDADES PARA PRACTICAR ESPAÑOL

LEER Y ESCUCHAR

¿Lees revistas, cómics, páginas de Internet en español? sí ☐ no ☐

Escribe el título y el autor.

¿Escuchas música, radio, televisión en español? sí ☐ no ☐

¿Qué programas, cantantes, estaciones escuchas? Apúntalos.

ESCRIBIR Y HABLAR

¿Escribes e-mails, sms, en blogs o foros de Internet? sí ☐ no ☐

Escribe sobre qué temas.

¿Hablas en español con amigos, en chat, en las vacaciones? sí ☐ no ☐

¿Sobre qué temas y cuándo?

4B GUÍA DE MADRID

COMPRENDER EL TEXTO

1 Lee el texto y prepara ocho preguntas sobre Madrid. ▸ Texto, p. 75

1. ______________________________
2. ______________________________
3. ______________________________
4. ______________________________
5. ______________________________
6. ______________________________
7. ______________________________
8. ______________________________

VOCABULARIO

2 Un paseo por Madrid. Completa el crucigrama con el vocabulario nuevo.

1. Hoy el centro de Madrid es la Plaza Mayor, que hasta el [7] XIX fue una plaza de [8].
2. El 31 de diciembre, los madrileños dan la bienvenida al Año Nuevo delante del [4] de la Puerta del Sol. Comen doce uvas, una por cada una de las doce campanadas.
3. Puedes ir en metro de «Sol» a «Retiro» sin [2] de línea. Son solamente tres [1]. El Parque del Retiro es un parque público famoso por su [3] donde puedes dar un paseo en [5]. Además siempre hay [1] y música.
4. Uno de los museos más importantes de Madrid es el Reina Sofía. Allí hay muchas [6] de Picasso.

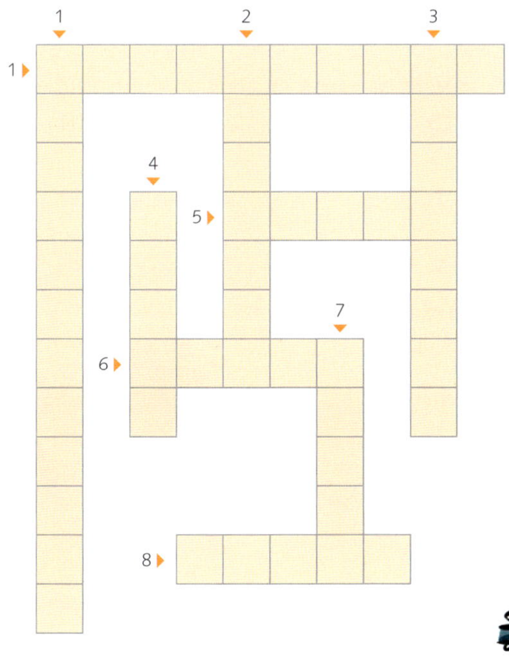

PRACTICAR

3 **Toño escribe un e-mail a su primo en Sevilla. Subraya con rojo los marcadores temporales que van con el pretérito perfecto y con azul los que van con el pretérito indefinido. Luego completa el texto con la forma correcta de los verbos.** ▶ Resumen, p. 80/3

Para: rafa.gomez@terra.es
Asunto: tantas cosas…

Hola, primo:

¿Qué tal? Ya ____________________ (*pasar*) casi un mes desde tu fiesta de cumpleaños. Este mes ____________________ (*pasar*) tantas cosas, no sé dónde debo empezar. La semana pasada mis padres y yo ____________________ (*ir*) a la casa de los abuelos e ____________________ (*hacer*) una caminata en la sierra. Después ____________________ (*volver*) a Madrid porque hace unos días ____________________ (*tener* / yo) un examen muy difícil de Mates. Además, esta semana ____________________ (*llegar*) los chicos de Alemania y ya ____________________ (*hacer* / nosotros) un montón de cosas con ellos. El martes ____________________ (*ir*) al Prado, y después ____________________ (*tomar*) algo en la Plaza Mayor. Todavía no los ____________________ (*llevar* / nosotros) al Rastro, creo que vamos ahí el domingo.

Y vosotros, ¿qué ____________________ (*hacer*) esta semana? Escríbeme pronto.

Un abrazo, Toño

4 **Estás haciendo un intercambio en Madrid y los chicos españoles te hacen muchas preguntas. Primero completa las preguntas con el pretérito perfecto y luego contesta. En tus respuestas tienes que usar el pretérito perfecto o el pretérito indefinido.** ▶ Resumen, p. 80/3

1. ¿____________________ (*estar*) en España alguna vez?
2. ¿Ya ____________________ (*ver*) un partido del Real Madrid en la tele?
3. ¿____________________ (*ir*) en metro ya?
4. ¿Ya ____________________ (*participar*) en un taller para alumnos?
5. ¿____________________ (*estar*) ya en un estadio de fútbol?
6. ¿____________________ (*probar*) tapas alguna vez?
7. ¿Alguna vez ____________________ (*visitar*) un museo?

1.

2.

3.

4.

5.

6.

7.

5 Sudoku. Completa con las seis formas de **construir**. | In jeder Spalte und in jeder Zeile müssen alle sechs Formen vorkommen. ▶ Los verbos, p. 189

construimos				construye	construyes
			construyo	construimos	
		construyen			construimos
construyes			construye		
	construyen	construimos			
construyo	construye			construís	

ESCUCHAR

17 **6** DELE Escucha y relaciona las frases con el barrio de Malasaña (M), la Plaza de Oriente (O) y el Rastro (R).

Malasaña

la Plaza de Oriente

el Rastro

	M	O	R
1. Está en todas las guías.	☐	☐	☐
2. Es uno de los lugares más bonitos de Madrid.	☐	☐	☐
3. Hay que ir allí los domingos.	☐	☐	☐
4. Allí va mucha gente joven.	☐	☐	☐
5. Allí hay muchas plazas bonitas, tiendas y cafés.	☐	☐	☐
6. Allí está el Palacio Real.	☐	☐	☐
7. La mayoría de los turistas no van allí.	☐	☐	☐

Konzentriere dich bei jedem neuen Anhören auf weitere Details.

TALLER DE ESCRITURA

7 a **Lee los dos artículos de periódico[1]. Después marca cuál te parece mejor y escribe en tu cuaderno por qué.**

☐ El martes pasado fue un día muy bonito. Llevé mi guitarra al instituto porque mi grupo y yo queríamos tocar en la fiesta para los chicos alemanes. A las cinco de la tarde fuimos a la cafetería del instituto y ya estaban allí los 24 chicos de Berlín. Los chicos alemanes cantaron una canción tradicional alemana. Mis compañeros presentaron una obra de teatro[2]. Y al final, mis amigos y yo tocamos…

☐ El martes pasado los alumnos del 3° de ESO organizaron una fiesta en el instituto para recibir a 24 chicos alemanes de Berlín.
Para empezar la fiesta, los chicos alemanes cantaron una canción tradicional alemana. Después, los chicos españoles presentaron una obra de teatro sobre las aventuras[3] de un intercambio en Madrid. Al final, mi grupo y yo tocamos. Como todos conocían las canciones…

1 el artículo de periódico *der Zeitungsartikel*
2 la obra de teatro *das Theaterstück*
3 la aventura *das Abenteuer*

Einen Zeitungsartikel schreiben, z. B. eine kleine Reportage
Ein gut geschriebener Zeitungsartikel antwortet auf die Fragen „wer?", „was?", „wann?", „wo?", und „warum?". Manchmal beantwortet er auch die Frage „wie?". Die Leser erfahren Fakten – entweder in der Reihenfolge, in der sie geschehen sind, oder zuerst das Wichtigste und dann den Rest.

b **Escribe tu reportaje sobre una fiesta de despedida para un grupo de intercambio: lee las siguientes ideas y elige algunas. Luego, apunta dos o tres más y organízalas para escribir tu propio reportaje.**

chicos españoles y alemanes · música electrónica · 15 de mayo · españoles vuelven a su país · cafetería del instituto · fiesta de despedida · platos típicos españoles y alemanes · día feliz y triste

Para organizar tus ideas, usa:

a) una tabla,

¿Quién?	¿Qué?	¿Cuándo?	¿Dónde?	¿Por qué?	¿Cómo?
		15 de mayo			

b) o un mapa mental.

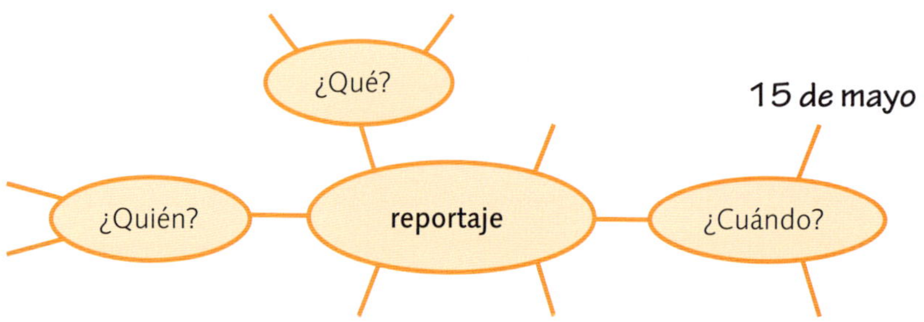

c **Usa tus ideas de b para escribir en tu cuaderno el reportaje sobre la fiesta.** ▶ Den Schreibprozess organisieren, p. 165

Mi rincón de lectura

Nuestras raíces[1] árabes

Todos los días, cuando hablamos o calculamos[2], usamos sin saberlo conocimientos[3] que vienen de las ciencias del Imperio musulmán[4].

En tiempos del Imperio musulmán, los descubrimientos[5] de los científicos[6] (en Matemáticas o en Medicina) pasaron a otros países junto con el correspondiente[7] vocabulario. Así, las palabras *alcohol* o *álgebra*, pasaron del árabe al español. También hay muchas otras palabras, como *berenjena* y *alcachofa*, que proceden[8] del árabe. Y no hay que olvidar que en los siglos VIII a XV muchas regiones de España formaron parte del Imperio musulmán.

la alcachofa

la berenjena

¿Hablas árabe?

En el diccionario hay muchas palabras de origen árabe. Por ejemplo, la palabra *azar*[9] tiene en su raíz la palabra *azzahr*, que significaba dado. *Asesino*[10] viene de *hassassin*. Y claro, todo el mundo conoce la palabra *café*, que también es de origen árabe.

el dado

Números cantan

0, 1, 2, 3, 4, 5, 6, 7, 8, 9. El matemático de Bagdad Al-Khwarisimi descubrió estas cifras en una obra hindú que tradujo al árabe. Él comprendió muy bien la importancia del cero, esa cifra que se usa para decir «nada». La palabra *cifra* procede también del árabe y significa «vacío»[11].

En el armario

Mucho vocabulario que usamos cuando hablamos de nuestra ropa procede también del árabe. Así, *pijama* procede del persa[12]; *albornoz* viene del árabe *barnús*; *chal* llegó del persa a través del[13] francés. Y así muchas otras…

el ____________

el ____________

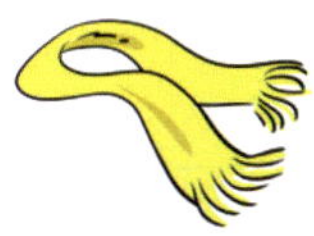
el ____________

1 la raíz *die Wurzel* 2 calcular *rechnen* 3 el conocimiento *die Kenntnis, das Wissen* 4 el Imperio musulmán *etwa: die maurischen Königreiche* 5 el descubrimiento *die Entdeckung* 6 el/la científico/-a *der/die Wissenschaftler/in* 7 correspondiente *zugehörig* 8 proceder de *stammen von/aus* 9 el azar *der Zufall* 10 el asesino *der Mörder* 11 vacío/-a *leer* 12 el persa *Persisch (Sprache)* 13 a través de *durch, über*

1 a Marca en el texto las once palabras españolas que proceden del árabe o del persa.

b ¿Cuáles de estas palabras pasaron también al alemán? Apúntalas.

____

____

c Mira las tres imágenes al final del texto y escribe los nombres en español.

¡ACÉRCATE!

1 Busca en el texto complementos para los verbos siguientes. ▶ Texto, p. 86–87

encender	el ordenador, …
ver	
conectarse a	
leer	
echar un vistazo a	
escuchar	
poner	
navegar	

18 **2** **a** Escucha los resultados del fútbol español. ¿Quién ha jugado contra quién? Relaciona los equipos. Cuatro equipos no han jugado.

18 **b** Escucha otra vez los resultados y apunta los goles.
▶ Selektives Hörverstehen, p. 158

- Club de Bilbao ☐
- Real Madrid ☐
- Deportivo La Coruña ☐
- Real Mallorca ☐
- Club Osasuna ☐
- Sevilla C. F. ☐

- ☐ Málaga C. F.
- ☐ Vigo
- ☐ F C Barcelona
- ☐ Espanyol de Barcelona
- ☐ Club Valencia
- ☐ Real Valladolid

19 **3** Vas a escuchar cinco spots de radio latinoamericanas auténticas. Une el nombre de la estación de radio con la frecuencia de radio correspondiente. Sobran dos estaciones.

RADIO Popular

Bolivariana Estéreo

MEXICANÍSIMA

LIBERACIÓN

90.1   100.8   1230   96.1   96.7

No te cortes y escucha radio en español. ¡En Internet hay muchas estaciones!

Radio Bolivia

SOBERANA ESTÉREO

Ecos de la costa

4 Haced el juego de rol de la página 91.

5A LAS AULAS DEL FUTURO

COMPRENDER EL TEXTO

1 Busca las reacciones de Ana y Adrián sobre las predicciones de las clases del futuro. ¿Qué les parece bien? ¿Qué no? Apunta qué (no) les gusta. ▶ Texto, p. 89

☹	☺

¿TE ACUERDAS?

2 a ¿Te acuerdas del gerundio? Forma el gerundio de los siguientes verbos.

	infinitivo		infinitivo ⚠
______	trabajar	______	dormir
______	cantar	______	repetir
______	hacer	______	ver
______	aprender	______	leer
______	discutir	______	reírse
______	escribir	______	pedir

b Ana quiere saber si ella y Adrián pueden preparar la presentación en casa de Adrián. Pero hoy no es un día tranquilo en el piso de Adrián. Imagina qué están haciendo su familia y sus vecinos. Usa **estar** + gerundio. Usa los verbos de a.

Lo siento Ana, no podemos quedar aquí porque mi abuela ______________________

____

____

PRACTICAR

3 a ¿Qué formas del futuro simple se esconden aquí? Apúntalas. ▶ Resumen, p. 98/1

1. ÁPESARN p____________
2. REMOSBIACAM c____________
3. SERÁSGUI s____________
4. DESCERÁNPAARE d____________
5. RÉPASA p____________
6. ESPACARÉIS e____________
7. ESATRÁS e____________
8. ESBRICIRÁN e____________

b En la sopa de letras hay ocho formas en futuro simple de verbos irregulares. Apúntalas, también escribe el verbo en infinitivo. ▶ Resumen, p. 98/1

e	s	h	a	r	e	m	o	s
h	t	e	n	d	r	é	a	s
a	p	o	d	r	á	n	r	t
r	q	u	e	r	r	á	n	a
ó	p	o	n	d	r	é	i	s
i	s	a	l	d	r	é	i	r
s	a	b	r	á	s	d	i	o
v	i	o	v	e	n	d	r	á

No olvides de escribir los acentos.

1. [yo] __________ __________
2. [yo] __________ __________
3. [tú] __________ __________
4. [él] __________ __________
5. [nos.] __________ __________
6. [vos.] __________ __________
7. [ellos] __________ __________
8. [ellos] __________ __________

4 Haced el tándem de la página 98.

5 Ana está un poco nerviosa por la presentación sobre las aulas del futuro y últimamente no duerme bien. Sueña con un adivino[1] y este le dice su futuro. Completa las frases con el subjuntivo (1) o con el futuro (2).

Adivino: Cuando ____________ (1 *llegar*) al instituto, ____________ (2 *conocer*) a un chico muy guapo. Vosotros ____________ (2 *ser*) novios. Cuando ____________ (1 *terminar* / vosotros) el instituto, ____________ (2 *ir*) a la Universidad juntos. Tú ____________ (2 *estudiar*) Medicina y él Historia. Cuando ____________ (1 *buscar* / vosotros) trabajo, ____________ (*tener* / vosotros)

problemas porque tú ________________ (2 *encontrar*) trabajo y él no, ________________

(2 *tener* / él) que ir a otro país.

Ana: ¿Cómo? ¡No! ¡Mi vida no ________________ (2 *ser*) así! ¿No ves otra opción en mi futuro?

Adivino: Si no conoces a este chico, todo ________________ (2 *cambiar*) para ti… En unos meses,

cuando ________________ (1 *estar*) ensayando flamenco, ________________ (2 *caerse*) y

un chico te ________________ (2 *ayudar*) y te ________________ (2 *llevar*) a un hospital.

Tú ________________ (2 *enamorarse*) de él. Cuando se lo ________________ (1 *decir*), él

te ________________ (2 *decir*) un secreto: es novio de tu mejor amiga… **1** el adivino *der Wahrsager*

6 **En la presentación de Ana y Adrián, los alumnos piensan en todo lo que cambiará en la escuela. ¿Qué piensan? Usa cuando, mientras, aunque + subjuntivo y el futuro simple en la oración principal.** ▶ Resumen, p. 98/3

1. Mientras (*haber*) escuelas, (*haber*) profesores. ¡Hala!

____

2. Cuando ya no (*usar* / nosotros) cuadernos, (*escribir*) en las tabletas. ¿Es más práctico?

____

3. Aunque los alumnos del futuro no (*ir*) a la escuela, (*ver*) a sus amigos en otro lugar. ¿No?

____

4. Cuando los exámenes (*ser*) online, (*ser*) más fácil copiar las respuestas. ¿Nos controlarán?

____

5. Cuando (*trabajar* / nosotros), no siempre (*poder*) quedarnos en el mismo trabajo. ¡Qué triste!

____ ▶

6. Mientras las clases (*ser*) en el colegio, (*haber*) recreo. ¡Menos mal!

____

7. Aunque los chicos del futuro no (*ir*) a la escuela, (*tener*) que tomar clases en casa. ¡Qué rollo!

____

7 **En la clase de Adrián, un grupo va a presentar una obra de teatro[1] de ciencia ficción. Usa llevar, seguir y pasar(se) + gerundio y cuenta qué hace el grupo.** ▶ Resumen, p. 98/4

Ismael, Toño y Marta ya ______________ tres semanas ______________ (*ensayar*) una obra de teatro. Marta ______________ todas las tardes ______________ (*aprender*) sus diálogos de memoria. Hoy los chicos ya casi ______________ una hora ______________ (*ensayar*). A las seis toman un bocadillo pero después ______________ (*trabajar*) un poco más. Hoy Toño está discutiendo con Ismael porque ______________ (*olvidar*) sus diálogos y la presentación ya es en dos días. Hoy no ensayarán más porque los chicos ya ______________ (*discutir*) media hora. Marta ______________ (*repetir*) sus diálogos sola y ______________ (*esperar*) que los chicos se callen.

1 la obra de teatro *Theaterstück*

8 **a** **Haz parejas.** ▶ Resumen, p. 98/5, ▶ Den Schreibprozess organisieren, p. 165

en cambio	1	a	also
no solo… sino también	2	b	nicht nur …, sondern auch …,
pero	3	c	stattdessen, dagegen
sin embargo	4	d	außerdem
por lo tanto	5	e	trotzdem, dennoch
además	6	f	aber

b **Y tú, ¿qué prefieres: tele o cine? Busca argumentos a favor o en contra del cine o la tele. Termina las frases.**

1. Ver una peli en la tele es un rollo / muy sencillo, **en cambio** verla en el cine es más/menos ______________
____
______________.

2. En casa nunca puedes ver tus pelis favoritas tranquilamente. **Sin embargo**, ______________________________

____.

3. En el cine / En la tele **no solo** puedes ver ______________________________

sino también puedes ______________________________.

4. **Además** ______________________________.

5. **Pero** no ______________________________.

6. En el cine / la tele ______________________________.

______________ **Por eso** ______________________________.

7. **Por lo tanto** para mí ______________________________.

c **Y tú, ¿qué prefieres? ¿Amigos de verdad o amigos virtuales? Busca argumentos a favor y en contra. Usa al menos cuatro enlaces del ejercicio a y escribe un pequeño texto.**

____

____

____

____

____

____

ESCUCHAR

20 **9** **Escucha el diálogo entre Adrián y Ana. Contesta las preguntas.** ▶ Notizen machen beim Hören, p. 158

1. Además de su presentación, ¿de qué más hablan los chicos? Apunta al menos dos temas.

____

2. ¿Por qué a Adrián le gustan más los amigos virtuales?

____

3. ¿Qué hizo ayer el vecino de Ana?

____

____

5B ¡NO TE LO PIERDAS!

COMPRENDER EL TEXTO

1 **¿A qué libro o película corresponden estas frases? Relaciónalas con la obra correcta. Apunta la letra de la obra.**
▶ Texto, p. 93

1. ☐ Cuenta la vida de un niño muy deportista.
2. ☐ Trata de un niño tuareg.
3. ☐ Narra la amistad de un profesor de música y su alumna.
4. ☐ Es una película.
5. ☐ El libro es como un diario.
6. ☐ El protagonista quiere seguir el ejemplo de su hermano.
7. ☐ Uno de los protagonistas tiene que volver a España.
8. ☐ Es una historia sobre un jugador de fútbol de verdad.
9. ☐ Es una historia sobre migrantes.
10. ☐ Es un drama.
11. ☐ Su autor ha escrito ya muchos otros libros.

a Maroa

b Ronaldinho

c Abdel

VOCABULARIO

2 a **Estas palabras son semejantes en español, francés, inglés o alemán pero se escriben diferente. Escríbelas correctamente en español. Después subraya cuál es su diferencia.** ▶ Texto, p. 93

Programm	*el programa*	passion (ing.)	______
immigrant (ing.)	______	difficile (fr.)	______
Orchester	______	l'enfance (fr.)	______
to recommend (ing.) recommander (fr.)	______	Kommentar	______

b **Busca los antónimos de estas palabras en el texto.** ▶ Texto, p. 93

por una parte ≠ ______	persona que vive en su país ≠ *inmigrante*
esconder ≠ ______	quedarse en su país ≠ ______
no poder hacer algo ≠ ______	lo fácil ≠ ______
un mal libro ≠ ______	el adulto ≠ ______
nada conocido ≠ ______	sencillo/-a ≠ ______

c **Apunta en tu cuaderno al menos cinco frases con las palabras de a y b.**

¿TE ACUERDAS?

3 Maribel escribe en su diario. Completa el texto con **en**, **desde**, **desde hace**, **hace**, **hasta** y **desde… hasta**.

__________ diez meses fui a Madrid para visitar a Adrián. __________ ese viaje he querido volver a la capital. Por fin la semana que viene voy a ir con mis padres otra vez. Vamos a estar allí __________ el 15 __________ el 21 de octubre. Voy a mostrarles a mis padres todo lo que vi __________ agosto: la Plaza Mayor, el Palacio Real y mucho más. También tengo ganas de ver a Adrián, ¡no nos hemos visto __________ diez meses! Lo veré __________ unos días, ¡qué bien! __________ ahora no le he dicho que voy a Madrid. Es sorpresa.

PRACTICAR

4 ¿Qué cuenta Maroa? Termina las frases con el pretérito pluscuamperfecto. ▸ Resumen, p. 99/6

alguien ya *poner* la mesa – *hacer* la comida

alguien ya *entrar* – *hacer* la cama – *encender* la radio

alguien *dejar* unas cosas allí – *dormir* en el sofá – *leer* el periódico

5 a ¿Qué ya había hecho la familia de Ronaldinho antes de la cena? Usa el pretérito pluscuamperfecto.

ir al supermercado — *jugar* al fútbol — *hacer* la siesta — *escuchar* la telenovela de las doce — *poner* la mesa — *escribir* una carta a su hermano — *entrenar* con Ronaldinho — *leer* los resultados del fútbol de Brasil — *ver* la tele

1. La madre ______________________________
2. La abuela ______________________________
3. Ronaldinho ______________________________
4. Su amigo Tiago ______________________________

b Escribe en tu cuaderno por lo menos tres cosas que ya había hecho tu familia ayer antes de cenar.

en casa — en el trabajo — en la escuela — con los abuelos

6 a Maroa habla con unos amigos del barrio. ¿Cómo dices las palabras subrayadas en alemán? ¿Cuándo usas el indicativo? ¿Cuándo usas el subjuntivo? ▶ Resumen, p. 98/3

1. Maroa, aunque no tengas ganas, tendrás que estudiar todavía más.
   - ☐ obwohl ☐ selbst wenn
2. Aunque ya es muy tarde, tienes que seguir tocando.
   - ☐ obwohl ☐ selbst wenn
3. Todas las noches mientras ensayas, te escuchamos muy contentos.
   - ☐ während ☐ solange
4. Mientras estés en la escuela de música, no te faltará nada.
   - ☐ während ☐ solange
5. Cuando toques con la orquesta de Venezuela, serás muy famosa.
   - ☐ sobald ☐ immer wenn
6. Cuando participas en conciertos en el barrio, todos vamos a verte.
   - ☐ wenn ☐ immer wenn

b ¿Cómo dices estas frases en español? Para las palabras subrayadas usa **mientras**, **cuando** o **aunque**.

1. Sobald ich das Buch von Ronaldinho habe, rufe ich dich an.

____

2. Immer wenn der Trainer[1] anruft, ist Ronaldinho nicht zu Hause.

____

3. Während Tiago und Ronaldinho spielen, telefoniert Ronaldinhos Mutter mit ihrem anderen Sohn.

____

4. Solange Ronaldinho in Brasilien wohnt, will Tiago mit ihm Fußball spielen.

____

5. Selbst wenn Tiago Geld haben sollte, wird er Ronaldinho nicht besuchen.

____

6. Obwohl Ronaldinho nach dem Training wenig Zeit hat, reist er viel in Europa.

____

1 der Trainer *el entrenador*

c **Completa el texto con las formas correctas. Usa el indicativo o el subjuntivo.**

Hoy en día, usamos el móvil todo el tiempo aunque no lo ____________ (*necesitar* / nosotros). A veces, por ejemplo, mando mensajes a mi madre para que sepa que ya voy a casa, aunque ella siempre ____________ (*saber*) dónde estoy. O, cuando ____________ (*ir* / yo) en bus, escribo e-mails a mis amigos o veo los mensajes del tuenti. A los profesores no les gusta nada que todos tengamos móviles. Cuando ____________ (*tener* / nosotros) examen, no quieren que lo encendamos. Mientras no ____________ (*estar*) prohibido usar móvil en el patio, no tengo problemas. Además, a veces es muy útil, mientras ____________ (*esperar* / yo) el bus, por ejemplo, puedo echarle un vistazo a las noticias. Aunque a veces ____________ (*ser*) difícil porque Internet en mi móvil es lento. Pero no puedo comprarme otro, creo que mientras mi móvil ____________ (*funcionar*) no es necesario cambiarlo. Aunque no todos mis amigos ____________ (*pensar*) así. Para algunos es importante tener el móvil más nuevo, cuando ____________ (*haber*) un móvil nuevo, lo compran. ¡Aunque no ____________ (*saber* / ellos) usarlo!

7 Lee un episodio de «No me digas rebelde», una serie para jóvenes. Después escribe un episodio más. Usa al menos cinco enlaces. ▶ Kreatives Schreiben, p. 168

EPISODIO 302: Julia piensa que ya no está tan enamorada de Lucio. Además, él quiere pasar un año en Londres con ella. Julia por un lado tiene muchas ganas de ir a Londres, pero por otro lado no sabe si todavía quiere a Lucio. Por eso, ella tendrá que tomar una decisión importante.
Andy y Carlos tienen un examen muy importante. En el examen, Andy ve a Carlos con una chuleta[1]. Por una parte Carlos es su mejor amigo, por otra parte, Andy no quiere problemas con la profe. ¿Qué hará Andy?

1 la chuleta *Spickzettel*

No obstante — Por lo cual — Por lo tanto — En cambio — Pero — Por una parte… Por otra parte — No solo… sino también — Por eso

Así son los chicos:
- Lucio es un chico muy especial y no se enamora fácilmente.
- A Julia no le gustan los cambios.
- Andy ya ha tenido problemas con la profe, uno más y no terminará la ESO.
- Carlos conoce a Andy desde que era niño y para él es casi un hermano. No quiere que Andy tenga problemas.

EPISODIO 303: ______________________________

____

____

____

____

____

____

VENEZUELA EN DIRECTO

8 a Mira el blog «Películas favoritas». Lee las reseñas de dos películas venezolanas. ¿Qué frases son verdaderas?

	V	F
1. Estas películas son documentales.	☐	☐
2. Las dos películas tratan del proyecto «El sistema».	☐	☐
3. «El Sistema» fue un proyecto que dio clases de música a cientos de niños en siete países.	☐	☐
4. Los dos documentales hablan sobre el director Gustavo Dudamel.	☐	☐

b Le has contado de «Maroa» a unos amigos. Ellos quieren saber si hay más películas venezolanas sobre músicos jóvenes. En un blog encuentras estas reseñas. Diles de qué tratan, de qué año son, quién es el director.

BLOG – Películas favoritas

ESTA SEMANA: Películas de Venezuela

➤ TOCAR Y LUCHAR

Director: Alberto Arvelo **Venezuela:** 2006

«Tocar y Luchar» es un film documental que trata del proyecto social más importante de Venezuela: el Sistema de Orquestas Juveniles e Infantiles de Venezuela. Hoy en día, «El Sistema» da clases de música a más de doscientos cuarenta mil niños y jóvenes en Venezuela y otros miles en América Latina, sobre todo da clases a niños que viven en barrios pobres o con mucha violencia.

«Tocar y luchar» cuenta la historia de seis niños venezolanos y su amor por la música.

© Adaptado de Fundación Musical Simón Bolívar

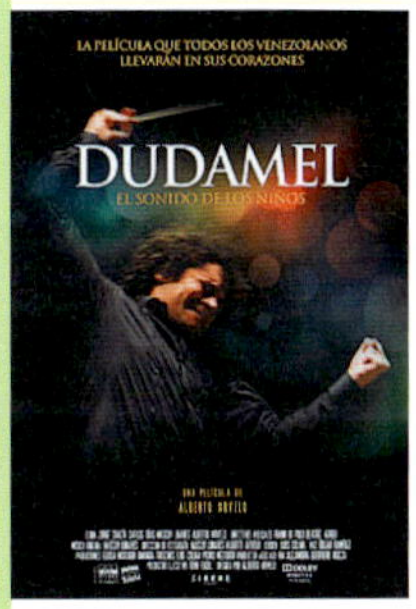

➤ DUDAMEL: EL SONIDO DE LOS NIÑOS

Director: Alberto Arvelo **Venezuela:** 2011

Cientos de orquestas infantiles y juveniles alrededor del mundo están naciendo gracias al fenómeno musical venezolano conocido como «El Sistema».

El genial director de orquesta venezolano Gustavo Dudamel nos lleva en este documental a un viaje inolvidable hacia varios rincones del mundo, con un grupo de niños que nos traen un mensaje claro y poderoso: «la música es un derecho universal». Filmada en siete países, «Dudamel: el sonido de los niños» es una historia de esperanza.

© Adaptado del blog: Cine 100% venezolano

1. Tocar y luchar: ______________________

____

2. Dudamel: ______________________

____

MEDIACIÓN

9 En una videoteca un amigo español ve este DVD y te pregunta algunas cosas. Contéstale. ▸ Sprachmittlung, p. 170

Seit mehr als dreißig Jahren errichtet der Musiker José Antonio Abréu in Venezuela das „Sistema" – ein Netzwerk von Kinder- und Jugendorchestern und Musikzentren, in dem heute über 300.000 Kinder und Jugendliche ein Instrument erlernen. Begonnen hatte alles am 12. Februar 1975. Damals gründete Abreu mit 12 Kindern aus sozialen Brennpunkten in Caracas das erste nationale Jugendorchester Venezuelas.

In ihrem Dokumentarfilm „El Sistema" erzählen die Regisseure Paul Smaczny und Maria Stodtmeier die Erfolgsgeschichte des Netzwerkes aus der Sicht der Schüler, Lehrer und Eltern. Der Film vermittelt die Leidenschaft und Freude beim gemeinsamen Musizieren. Und er fängt zudem das alltägliche Leben der Kinder außerhalb der Musikschulen ein. Erst aus dieser Perspektive wird deutlich, welche Chancen und Möglichkeiten das „Sistema" den Kindern und Jugendlichen in Venezuela bietet.

© 2008–2011 EuroArts

▶

1. Creo que ya vi esta peli. ¿No es sobre niños músicos de Venezuela?

2. No me acuerdo mucho, ¿de qué trata? ¿Qué es «El Sistema»?

3. ¿Cuál es el título en español? La que yo vi se llama «Tocar y luchar» y es del director Arvelo.

1. ______________________________

2. ______________________________

____

____

3. ______________________________

____

10 **Presenta tu programa de televisión o radio, tu página web o tu revista favorita. Escribe cómo se llama, cuántas veces lo/la ves o lees u oyes y por qué te parece interesante.** ▶ Para comunicarse, p. 218

Mi rincón

Puedes escribir desde cuándo la/lo ves/escuchas, por qué te gusta tanto y qué hace tu programa o página tan especial.

____

____

____

____

____

____

____

____

____

____

____

____

AQUÍ TU PROGRAMA O REVISTA

TALLER DE ESCRITURA

11 a Toño escribe un informe[1] para toda la clase sobre la presentación de las aulas del futuro. Todavía tiene que corregirlo. Ayúdalo. Borra las frases no importantes.

1 el informe *Stundenprotokoll*

Adrián y Ana llegaron temprano a la sala y apuntaron algunos nombres y números. Hablaron sobre las clases del futuro. Según algunos expertos, las clases del futuro serán muy diferentes:

En el aula no habrá pizarras ni tiza. Los alumnos ya no usarán cuadernos. En el futuro habrá pizarras y lápices interactivos. Nadie hizo preguntas sobre las pizarras táctiles. Los alumnos tendrán que aprender a ser flexibles y a trabajar en equipo, así serán los trabajos del futuro.

El trabajo de los profesores cambiará, ya no serán los protagonistas, serán tutores. Ahí Ismael hizo una pregunta y todos se rieron. Preguntó: "¿Serán robots?" También es posible que ya no haya recreos, eso nos puso muy tristes. Los alumnos contestarán los exámenes online. Los padres podrán ver las notas de sus hijos por Internet, ¡eso no mola nada, tío!

También hablaron sobre un proyecto en México. Ahí hay ahora un proyecto: en algunas escuelas mexicanas las aulas tienen pizarras táctiles y todos los alumnos reciben tabletas PC. Esto nos sorprendió mucho. Parece que el futuro ya llegó a las escuelas mexicanas. Adrián explicó los problemas del proyecto: hay pocos profesores, muchos chicos dejan de ir a la escuela porque sus familias son pobres, México es un país muy grande y no en todos los pueblos hay escuelas cerca. Además, el 10 % de los niños no hablan español.

b Ahora escribe el informe para toda la clase solo con las frases importantes. Une las frases con enlaces.

El tema de la clase fue… | Además, | y | porque | Por ejemplo, | Al final hablaron sobre… | Por eso

No olvides de poner un título a tu informe.

Mi rincón de lectura

1 **¿Qué sabes de México? Repasa lo que aprendiste sobre este país en la unidad 3 del libro de clase.**

Computación[1] para niños tzotziles

AMC. Desde el año 2000, Juana Hernández Gómez imparte el taller[2] MicroMundos en la comunidad indígena de Zinacantán, en el estado de Chiapas, donde actualmente da clases a 38 niños. Juana Hernández es tzotzil y además coordinadora del taller.

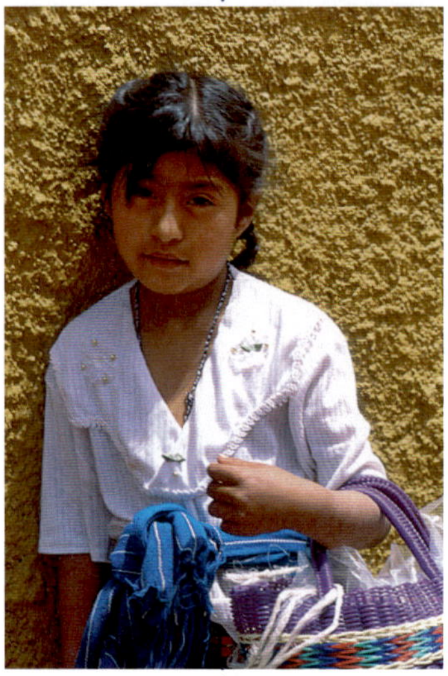

El taller MicroMundos se da en tzotzil, que es la primera lengua de más del 90 por ciento de los habitantes de Zinacantán, aunque la mayoría de ellos empiezan a aprender el español en la escuela y son bilingües.

Lo difícil de las clases en tzotzil es que en esta lengua no existen palabras para hablar sobre computadoras. «No les puedo decir ‹monitor[3]›, les tengo que buscar muchos ejemplos para que me entiendan», dijo Juana Hernández.

El taller ha ayudado a niños y niñas. Actualmente, de los 38 niños tzotziles que toman el taller MicroMundos la mitad son niñas. Esto es muy importante en los pueblos tzotziles porque en ellos muchas veces las niñas solo hacen labores domésticas[4] como cuidar de los niños de la familia. Por eso muchas niñas no pueden dedicar[5] mucho tiempo a la escuela después de clase.

En el taller MicroMundos los niños aprenden matemáticas, geometría, también pueden crear imágenes y hacer su propia música.

En el taller los alumnos también hablan de su vida, de su propia cultura. Por eso uno de los proyectos es un diccionario multimedia español-tzotzil. Otros proyectos del taller han tenido como temas los trajes tradicionales[6] masculinos y femeninos de la comunidad, el origen del nombre Zinacantán, las actividades económicas del municipio[7] y, también, leyendas locales.

El Taller de Cómputo Infantil ha dado clases a tres mil quinientos niños en ocho años.

© La Jornada, 2008 (adaptado)

1 Computación *Informatik*
2 impartir un taller *ein Workshop erteilen*
3 un monitor *Bildschirm*
4 la labor doméstica *Hausarbeit*
5 dedicar *widmen*
6 el traje tradicional *die Tracht*
7 el municipio *Gemeinde*

2 **¿De qué trata el texto? Marca los temas que menciona el artículo.**

- clases solo para niñas
- una comunidad indígena en Chiapas
- el proyecto MicroMundos
- un proyecto para niños y niñas indígenas
- clases de lengua tzotzil
- clases para el 90 % de habitantes de Zinacantán
- un taller de computación
- la escuela MicroMundos

AUTOCONTROL 5

Lösungen auf S. 103

1 **Vocabulario. Busca palabras de la misma familia, muchas están en el texto A de la lección, apunta también si la palabra es un sustantivo o adjetivo.** ▶ Texto, p. 89

Verbo	De la misma familia:
conectar(se)	
interactuar	
trabajar	
criticar	
importar	

Verbo	De la misma familia:
salir	la salida (sust.)
encontrar	
controlar	
presentar	
vivir	

2 **El futuro. Di cómo harás las cosas mañana. Usa el futuro.**

1. Hoy voy al colegio en bus pero mañana ______________ en bici.
2. Ayer escribiste en la pizarra con tiza pero mañana ______________ con un lápiz especial.
3. Ayer mi padre leyó el periódico y lo compró en el quiosco pero mañana lo ______________ en Internet.
4. Antes veíamos las pelis en la tele pero mañana las ______________ en la tableta PC.
5. Vuestros padres todavía escuchan la radio pero vosotros solo ______________ pod-casts de la red.

3 **El futuro. Haz suposiciones con el futuro sobre esta estatua viva.**

1. ¿______________ de ese trabajo? (*Vivir* / ella)
2. ¿Cuántas horas ______________ en la calle cada día? (*estar*)
3. ¿Qué ______________ ella de la gente que la mira? (*pensar*)
4. ¿Cúanto dinero le ______________ los turistas? (*dar* / ellos)
5. ¿Cuántas fotos ______________ de ella cada día? (*tomar* / ellos)
6. ¿Le ______________ hacer lo mismo todos los días? (*gustar*)

4 **Frases subordinadas con mientras, cuando y aunque. Completa las frases con el subjuntivo o el indicativo.**

1. ¡Tranquilo! Mientras ______________ (*haber*) estancos, la gente comprará periódicos.
2. Mientras yo ______________ (*echar*) un vistazo al programa del cine, tú buscas información de la peli.
3. Cuando ______________ (*ser* / ella) directora del programa de la tele, pondrá más series para jóvenes.
4. Cuando ______________ (*encender*) el ordenador, siempre miran los correos y navegan un rato. ▶

5. Aunque ________________ (*pasar* / vosotros) menos horas en el colegio del futuro, igual estudiaréis bastante.

6. Aunque me ________________ (*gustar*) ver fútbol en la tele, siempre prefiero jugar en el campo.

5 **Pretérito pluscuamperfecto. Usa el pretérito pluscuamperfecto y describe la vida de Ronaldinho.**

1. Antes de vivir en Europa, ______________________________ (*vivir*) en Porto Alegre, Brasil.

2. Antes de jugar en el Barça, ______________________________ (*jugar*) en el Paris Saint-Germain.

3. Antes de ser futbolista del año en 2004, ______________________________ (*hacerse*) famoso en Barcelona.

4. Antes de irse a Suiza, su hermano mayor le ______________________________ (*contar*) muchas cosas sobre Europa.

5. En 2004 y 2005 fue el mejor jugador de fútbol de Europa y del mundo, eso solo ______________________________ (*conseguir*) Zinedine Zidane y Ronaldo.

21 **6** **Escucha a Jamileth, una locutora de radio[1] de Nicaragua. Después completa con seguir, llevar o pasar(se) y gerundio.**

escuchar (2 x) leer hablar ser trabajar (2 x) pensar

Soy locutora del programa «Palabra de mujer». Aquí en Nicaragua las mujeres ______________________ todo el día en el campo. Después ______________________ en casa: o hacen la comida o cuidan[2] a los niños. Y aunque el hombre esté todo el día fuera y no trabaje nada, el dinero lo recibe él. Con nuestra radio queremos cambiar eso: ______________________ sobre los derechos de las mujeres[3] ya más de diez años. Empezamos en 2001, y seguimos porque las mujeres del pueblo ______________________. Sabemos que mucha gente ______________________ el programa y eso a mí me gusta mucho porque así yo ______________________ que mi trabajo es importante. Somos una radio pequeña, pero ______________________ la voz de las mujeres aquí en Bocana de Paiwas. En la radio también hablamos de muchos otros temas. Yo a veces ______________________ las noticias. Esto me ayuda mucho a que nuestros programas sigan siendo interesantes para la gente.

© Entrevista con Emily Amann, Radio naranja, 2011 (fragmentos)

1 la locutora de radio *Radiomoderatorin* 2 cuidar a alg. *für jdn sorgen* 3 los derechos de la mujer *Frauenrechte*

6 EUROPA Y ESPAÑA

¡ACÉRCATE!

PRACTICAR

1 Antes de ir de vacaciones a España con tu familia, hablas con tu amiga madrileña. Tus padres quieren saber qué te dice. Usa **dice que** / **quiere que** + subjuntivo. ▶ Resumen, p. 116/1

¡Tráeme algo de Alemania!

¡No olvidéis las gafas de sol!

¡No os perdáis el Rastro!

¡Probad las tapas!

¡Llámame otra vez mañana!

Quiere que ______________________

____

____

____

____

____

ESCUCHAR

22 **2** **a** Escucha la descripción de cuatro países europeos. ¿Cuáles son? Ayúdate con el mapa.
▶ Hör-Sehverstehen, p. 159

1. ______________________
2. ______________________
3. ______________________
4. ______________________

22 **b** Lee las siguientes frases. Después escucha otra vez y marca si la información está o no está en el texto.

	está	no está
1. Francia es el país más grande de la Unión Europea.	☐	☐
2. En Bélgica alguna gente habla alemán.	☐	☐
3. Bulgaria limita con Rumania.	☐	☐
4. En el norte del país n.° 3, muchos días del invierno son oscuros.	☐	☐
5. Austria tiene muchos lagos y ríos.	☐	☐

Konzentriere dich bei jedem neuen Anhören auf weitere Details.

6A UN ACTOR EUROPEO

COMPRENDER EL TEXTO

1 **Relaciona las frases según el texto.** ▶ Texto, p. 107

A Daniel Brühl el nacionalismo le da igual	1	a	sino que lo deja en paz.
Daniel habla muchos idiomas,	2	b	a Daniel no le costó mucho aprender catalán.
Como su madre es catalana,	3	c	sin embargo al principio le daba corte hablarlo.
Siempre ha entendido ese idioma,	4	d	por eso puede trabajar en toda Europa.
Cuando Daniel está en España	5	e	echa de menos la *Bratwurst*.
Daniel tiene poco tiempo,	6	f	y se siente en casa en Alemania y en España.
En Berlín, la gente no le habla mucho	7	g	así que no entra mucho en su página web.

ESCUCHAR

23 **2** **Dos chicos españoles están en Berlín. Escucha, después decide cuál de los tres resúmenes da la información correcta.**

1 ☐ En una cafetería de Berlín, dos chicos españoles quieren pedir algo de comer. Uno ve al actor alemán Daniel Brühl, pero al principio no sabe quién es. Daniel le cuenta que Berlín es una ciudad muy interesante y que espera que lo esté pasando bien. El chico quiere hacer una foto con Daniel pero no puede, porque no lleva su móvil.

2 ☐ En una cafetería de Berlín, un chico español se encuentra con el actor alemán Daniel Brühl. Sin embargo, al principio no se acuerda de su nombre. Daniel le habla en español y le regala unos bocadillos. Cuando el chico le cuenta la historia a su amiga, ella se pone un poco triste porque no consiguieron hacer una foto con Daniel.

3 ☐ Dos chicos españoles quieren comer algo en una cafetería de Berlín. Uno de ellos se encuentra con Daniel Brühl y le habla en español. Daniel le recomienda los bocadillos de jamón y le regala algunos. Al final el chico le cuenta la historia a su amiga. Ella quiere hacer una foto con Daniel, pero le da corte preguntárselo.

VOCABULARIO

3 **a** **Forma sustantivos y apúntalos con su artículo en una lista (textos, p. 104–105 y 107).** ▶ Wortbildung, p. 153

act-	
guion-	-sión
nacional-	-or
condi-	-dad
diversi-	-ción
educa-	-riz
exten-	-ista
introduc-	-ismo
jubila-	

b **¿Qué otros sustantivos con estos sufijos[1] ya conoces? Apúntalos en tu lista del ejercicio a.**
▶ Präfixe und Suffixe, p. 153

1 el sufijo *das Suffix*

c Forma cinco eslóganes[1] sobre Europa o cómo debe ser Europa con las palabras de tu lista.

Ejemplo: ¡Educación para todos!

1 el eslogan *der Slogan*

¿TE ACUERDAS?

4 a Completa la tabla con los pronombres de complemento que faltan.

lo – os – les – le – les – las – nos – los – la – le

	Pronombres de complemento	
	directo	**indirecto**
yo	me	me
tú	te	te
él		
ella		
nosotros/-as	nos	
vosotros/-as		os
ellos		
ellas		

b Ana y Mercé van a un festival de cine y están organizando todo. Primero relaciona las frases que van juntas. Después marca en la columna de Ana los complementos que corresponden[1] a los pronombres subrayados.

Ana

–¿Dónde están las entradas? [1]

–Oye, ¿puedo poner mi chaqueta en tu mochila? Es que no tengo espacio ya. [2]

–¿A qué hora quedamos con Marta? [3]

–Ah, vale. Y por fin, ¿va sola o con su novio? Habían discutido muy fuerte la otra vez... [4]

–Entonces, están juntos otra vez, ¿no? [5]

–Qué bien. ¿Llevamos bocadillos para ellos también? [6]

–Entonces hay que hacer más pero yo todavía no termino aquí. [7]

–Oye, ¿y por qué nos pediste llegar tan temprano? [8]

–Ah, un secreto... eh... Bueno, Mercé, ya es hora, yo ya estoy, ¿nos vamos? [9]

Mercé

[a] –Sí, les pregunté y dijeron que sí. No van a llevar comida.

[b] –Le dije que a las seis en el parque.

[c] –Pues ella le explicó todo en la última fiesta. Creo que ya no tienen problemas.

[d] –Las he puesto en mi mochila.

[e] –Espérame, ya casi acabo.

[f] –Sí, ponla ahí.

[g] –No te preocupes, los hago yo. Todavía hay pan y queso.

[h] –Ya os diré porqué después...

[i] –Yo creo que sí. Los vi la otra vez juntos.

1 corresponder a *gehören zu*

PRACTICAR

5 Cuando los padres de Ana vuelven de las vacaciones, ella les cuenta quién llamó por teléfono. ¿Qué dijo la gente? Primero, subraya los verbos y también los pronombres que tienes que cambiar. Después, pasa las frases al estilo directo. ▶ Resumen, S. 116/2

La tía Paula llamó y dijo que no iba a visitarnos en junio porque tiene mucho trabajo. Dijo que tenía que quedarse allí en Sevilla. **Pablo** llamó el viernes y explicó que se había enterado de un problema y necesitaba hablar con papá. **Jorge** contó que su hija iba a vivir con él ahora, antes vivía con su madre en Madrid. Dijo que estaba muy contento y que quería organizar una fiesta sorpresa. Preguntó si íbamos. **La abuela** contó que la semana pasada había muerto su perro y que estaba muy triste.

Tía Paula: «No voy a visitaros ________________

____

Pablo: ________________

____

Jorge: ________________

____

La abuela: ________________

6 Ana le cuenta a su amiga qué le contaron sus compañeros en la fiesta de instituto de ayer. Escribe lo que dice Ana. Usa el estilo indirecto del pasado. ▶ Resumen, S. 116/2

Denke daran, die Verben, Pronomen und Begleiter der veränderten Sprecherperspektive anzupassen.

dijo explicó contó comentó opinó	que

1
No estoy muy bien. He estudiado toda la tarde pero todavía no entiendo Mates. Y ahora me duele la cabeza, ¡qué rollo!

2
Todos están hablando del instituto, no me gusta nada. Antes las fiestas eran más divertidas. ¡Quiero divertirme, tenemos que bailar todos juntos!

4
Si quieres, te puedo ayudar con los deberes de Inglés. Yo siempre saco buenas notas. Y sé que tú todavía tienes problemas…

3

Tienes que contarme de tus vacaciones. Estuviste en México, ¿no? ¡Qué guay! Mis padres y yo vamos a ir allí en agosto. Tal vez puedes mostrarnos unas fotos, o mandármelas por e-mail.

7 **Un nuevo compañero de clase le hace muchas preguntas a Ana. Más tarde ella les cuenta a sus amigas qué quería saber. Usa el estilo indirecto del pasado.** ▶ Resumen, S. 117/3

preguntó quería saber	si cuándo (de) dónde cuánto/-a cómo …

1 ¿Cómo te llamas?

2 ¿Cuántos exámenes habéis tenido este mes?

3 ¿Dónde está la cafetería?

4 ¿Puedes explicarme el ejercicio de Mates?

5 ¿Viste la peli en la tele ayer?

6 ¿Por qué no viene la profe?

7 ¿Qué haces después de las clases?

1.

2.

3.

4.

5.

6.

7.

8 Preparad y haced el juego de roles de la página 91.

MEDIACIÓN

9 Un chico español te visita en Alemania. Quiere trabajar un poco y vio un anuncio[1] para pasear perros por la tarde. Hoy tiene una cita con el dueño[2] del perro. Tú traduces. ¡Ojo, no traduzcas palabra por palabra!

Juan	Du	Hundebesitzer
Dile que yo soy Juan, y que quiero el trabajo para pasear al perro.	Er sagt, dass ______	
	Quiere saber ______	Und wie lange bleibt dein Freund hier?
Dile que me voy a quedar todo el verano, hasta septiembre.	______	
	______	Hat dein Freund denn Erfahrung mit Hunden?
Dile que de pequeño paseaba mucho a los perros y que los conozco bien. Si quiere, se lo puedo demostrar.	______	
	______	Sag ihm, dass das nicht nötig ist. Mir tut oft der Rücken weh, deshalb fällt es mir schwer, spazieren zu gehen. Dein Freund kann morgen um vier Uhr Nachmittag anfangen.

1 el anuncio *hier: die Stellenanzeige* 2 el/la dueño/-a *der/die Besitzer/in*

ESPAÑA EN DIRECTO

10 a ¿Cuáles de las siguientes palabras puedes entender sin leer el texto? Escribe en la tabla. ▶ Wörter erschließen, p. 152

	significado en alemán	¿Por qué comprendo la palabra?
estar de moda		
la tecnología		
prometedor/a		
fascinar		
la producción		
por separado		

b Ahora lee el texto y termina la tabla. ▶ Wörter erschließen, p. 152

Películas en 3D: ¿El futuro del cine?

Últimamente el 3D está de moda. Es una tecnología prometedora que fascina a todo el mundo. Sin embargo, hasta hace muy poco no se veían muchas películas 3D en los cines. Resulta que la producción cuesta hasta un 30 % más que la de una peli «normal» y se necesitan cámaras especiales que tomen las imágenes por separado para cada ojo. Por eso, las entradas a las películas 3D son más caras. Así que, al final, el público va a decidir si el 3D se va a quedar o si es solo «otra moda».

Las gafas todavía son necesarias

c Explica a un/a amigo/-a que no sabe español qué dice el artículo sobre el futuro de las películas 3D.

11 Entrevistar a mi actor/actriz favorito/-a. Escribe cómo se llama tu actor/actriz favorito/-a y en qué películas ha actuado. Luego escribe cinco preguntas que te gustaría hacerle.

Mi rincón

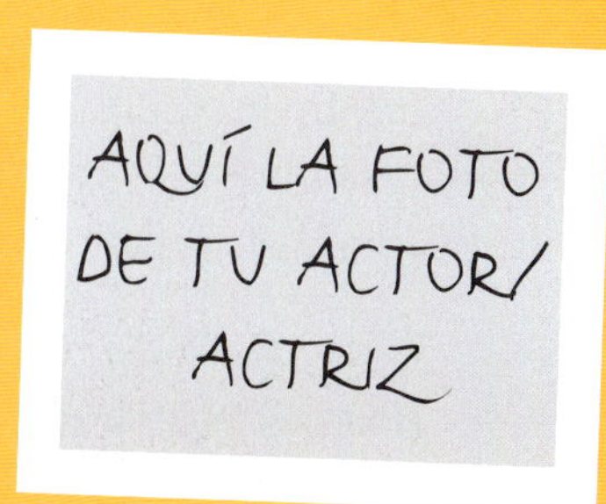

6B ENCONTRAR SU VOCACIÓN

COMPRENDER EL TEXTO

1 Apunta las etapas en las carreras de Alberto y Vanessa. ▶ Texto, p. 111

Alberto

1. Hizo el bachillerato.
2. ______
3. ______
4. ______
5. ______

Vanessa

1. Hizo el bachillerato.
2. ______
3. ______
4. ______
5. ______
6. ______
7. ______

ESCUCHAR

24 **2 a** Escucha el texto y apunta: ¿Qué situación es? ¿Dónde están las personas? ¿Cuántas personas hablan?

______

______

24 **b** Escucha otra vez y completa la tabla. ▶ Notizen machen beim Hören, p. 158

¿Cómo se llama el/la alumno/-a?		
¿Qué le gusta hacer? Nombra por lo menos dos cosas.		
¿A qué ciudad va?		
¿Por qué le gusta aprender alemán?		

PRACTICAR

3 Haced el tándem de la página 99.

4 Preparad y haced el juego de roles de la página 91.

VOCABULARIO

5 a Busca seis verbos nuevos del texto 6B en la sopa de letras. ▶ Texto, p. 111

m	a	t	r	i	c	u	l	a	r	s	e
a	l	e	m	a	n	a	u	r	j	o	l
r	i	n	s	c	r	i	b	i	r	s	e
t	r	e	d	a	f	o	l	s	d	o	g
i	u	r	b	s	a	y	d	e	l	m	i
g	e	l	c	o	n	s	e	g	u	i	r
i	s	i	n	a	t	u	x	e	p	a	s
z	a	t	o	m	a	r	s	e	l	e	g

1. ______________ algo
2. ______________ algo
3. ______________ en algo
4. ______________ en algo
5. ______________ algo en serio
6. ______________ algo a su cargo

b ¿Qué dicen los jóvenes sobre sus planes para el futuro? Completa con los verbos del ejercicio a. A veces hay más de una posibilidad.

Ya sé que después del instituto voy a ______________ la universidad. Pero me cuesta ______________ una carrera, ¡es que hay tantas!

Todavía no ______________ el tema de estudiar y trabajar, es que me parece muy lejos. Pero ya sé que quiero trabajar solo o en un pequeño grupo. No me gustaría ______________ mucha gente.

Voy a hacer el bachillerato y después quiero ______________ la carrera de Administración y Dirección de Empresas. Creo que con esa carrera siempre puedes ______________ un buen trabajo.

c Y tú, ¿qué quieres hacer después del bachillerato? Usa por lo menos cuatro palabras del ejercicio a y escribe entre tres y cinco frases.

____

____

____

TALLER DE ESCRITURA

6 a Tu amiga ha escrito un texto sobre el cantante español David Bisbal, pero hay diez errores. Lee su texto y marca los errores con color rojo. Puedes ayudarte con la lista de b para identificarlos.

David Bisbal

David Bisbal nació en Almería, el 5 junio de 1979. Tiene dos hermanos mayores. Es el único de su familia que ha elegido una karrera como músico. A David no le gustaba mucho el instituto, y a los 17 años encontró su vocacion: quiso ser cantante. En 2002 ha grabado su primero álbum, «Corazón Latino», que fue un éxito. Hasta hoy, David ha grabado seis álbumes y no piensa parar. Da muchisimos conciertos y tiene aficionados en todo el mundo, especialmente en España y en América Latina. A David encanta hacer deporte. Es ciclista y juega a menudo a el fútbol con sus amigos. Es aficionado a la comida chino y se interesa mucho para la historia.

b Escribe en que líneas están los errores y corrígelos. ▶ Fehler selbst korrigieren, p. 169

Fehlertyp	Fehler in Zeile ...	Korrektur
Präposition fehlt	1	*el 5 de junio*
Rechtschreibung		
Akzent fehlt		
falsche Vergangenheitszeit		
Ordnungszahl nicht verkürzt		
Akzent fehlt		
Indirektes Objektpronomen fehlt		
Artikelverschmelzung fehlt		
falsche Adjektivform		
falsche Präposition		

c Wie würdest du den Text noch verbessern? Kreuze an. ▶ Den Schreibprozess organisieren, p. 165

Ich würde ...

- ☐ den Text in Abschnitte einteilen.
- ☐ Konjunktionen verwenden (*además*, *también*, *pero*, ...).
- ☐ den Text kürzen.
- ☐ ____________________

Revisa tus talleres de escritura. Apunta otra forma de mejorar tus textos que has aprendido con ellos.

d Escribe el texto en tu cuaderno. Incluye tus correcciones de b y tus cambios de c.

Mi rincón de lectura

La gran historia de un balón

El *calcio*, antecesor[1] del fútbol

En el siglo XVI, en Italia, había un juego que se llamaba *calcio*. Los jugadores podían usar las manos y los pies para meter un balón entre dos postes[2]. Tenían que intentar marcar[3] más veces que el otro equipo.

El nacimiento del fútbol

En el siglo XIX, se introdujo[4] el calcio en los colegios ingleses. Los educadores creían que ese deporte era bueno para el cuerpo[5] e inventaron[6] unas reglas: las dimensiones del campo[7] y de las porterías y el número de jugadores. También decidieron prohibir tocar el balón con las manos. Desde entonces, solo el portero puede usarlas. Así nació en *football*, que en español lo conocemos como fútbol o balompié.

En 1857 se fundó[8] en Inglaterra el primer club de fútbol de la historia: el Sheffield. Sus jugadores eran empleados de una fábrica de cuchillos y los llamaban los «cuchilla».

Un juego sin fronteras[9]

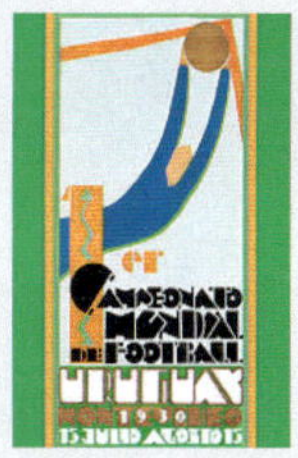

En 1930, se organizó el primer Mundial[10], en Uruguay. Desde entonces, el fútbol ha conquistado[11] el planeta. Hoy cuenta con más de 250 millones de jugadores, 30 millones de ellos son mujeres.

1 el/la antecesor/a *der/die Vorfahre/-in*
2 el poste *der Pfosten*
3 marcar *treffen, punkten*
4 introducir *einführen*
5 el cuerpo *der Körper*
6 inventar *erfinden*
7 el campo *das Feld*
8 fundar(se) *gründen*
9 la frontera *die Grenze*
10 el Mundial *die Weltmeisterschaft*
11 conquistar *erobern*

1 **Lee el texto sobre la historia del fútbol, después contesta las preguntas.**

¿Qué diferencia hay entre el *calcio* y el fútbol? ____________________

¿En qué país nació el fútbol, según el texto? ____________________

¿Dónde tuvo lugar el primer Mundial? ____________________

AUTOCONTROL 6

Lösungen auf S. 104

1 **Die indirekte Aufforderung. | ¿Qué le dicen siempre a Ana? Usa el estilo indirecto.**

1 ¡Llámame!

¡No tomes mis cedés! 2

3 ¡Haz tus deberes!

¡Visítame! 4

5 ¡Ve conmigo al cine!

¡No te preocupes! 6

1. Mercé siempre le dice que ______
2. Su hermana ______
3. Su profe ______
4. La abuela ______
5. Su novio ______
6. Jorge ______

2 **Die indirekte Rede und Frage in der Vergangenheit. | En una fiesta conoces a Susana, una chica de Sevilla. Al día siguiente le cuentas a un amigo español lo que te dijo Susana. Usa el estilo indirecto del pasado.**

1. *Susana:* «Estoy aquí de vacaciones. Me invitó mi tía alemana.»

   Susana dijo que ______
2. «Mi tía antes vivía en Hamburgo, pero ahora vive en Berlín.»

   Susana explicó que ______
3. «Y tú, ¿has estado en España alguna vez?»

   Me preguntó si ______
4. «Me encanta viajar, ¿a ti también te gusta?»

   Comentó que ______
5. «¿Tienes ganas de visitarme en Sevilla?»

   Luego me preguntó si ______
6. «¿Puedes mandarme las fotos de la fiesta?»

   También me preguntó si ______
7. «Voy a volver a Alemania pronto.»

   Al final dijo que ______

EINE ROLLE SPIELEN

Unidad 1, ejercicio 3, p. 5

¿ ______________________________

____

______________________________ ?

A: ______________________________

B: ______________________________

C: ______________________________

D: ______________________________

Unidad 2, ejercicio 5b, p. 26

Lies deine Rolle durch, bevor du mit dem Rollenspiel anfängst. Du bist Miguels Großvater und möchtest deinem Enkel dein Akkordeon schenken. Du beginnst das Gespräch.

Du erklärst/fragst Miguel,

1. ob er immer noch so gerne Musik mag.
2. dass du noch dein altes Akkordeon hast, aber schon zu alt bist, um es noch zu spielen.
3. dass es dir wichtig ist, dass jemand aus der Familie dein Akkordeon bekommt. Du fragst ihn, ob er Lust hat, Akkordeon zu lernen.
4. dass du ihm gerne dein Instrument schenken möchtest, wenn er es spielen will.

Unidad 3, ejercicio 3, p. 35

Du bist in einer mexikanischen Familie zu Gast und zum Essen eingeladen. Ihr unterhaltet euch über das Essen, vor dem du ein wenig Angst hast, da du schon oft gehört hast, dass es sehr scharf ist. Dein/e Partner/in beginnt das Gespräch.

1. Du bedankst dich für die Einladung und fragst, was es zu essen gibt.
2. Du sagst, dass du Hühnchen gerne magst, aber „Mole poblano" nicht kennst und fragst, ob es sehr scharf ist.
3. Du probierst es und bist begeistert: Es ist zwar sehr, sehr scharf, schmeckt aber vorzüglich! Du bedankst dich nochmals für die Einladung.

Unidad 4, ejercicio 3, p. 48

Du bist mit deiner Familie in Madrid in einer U-Bahn-Station und möchtest am Schalter Tickets kaufen. Du beginnst das Gespräch.

1. Du begrüßt den/die Verkäufer/in und sagst, dass du zwölf Fahrkarten brauchst.
2. Du fragst, ob die Zehnerkarte billiger ist oder das gleiche kostet wie zehn Einzelfahrscheine.
3. Du sagst, dass du dann erst einmal nur eine Zehnerkarte kaufen möchtest. Später werdet ihr sehen, ob ihr noch eine weitere Zehnerkarte braucht oder nur Einzelfahrscheine kauft.
4. Du bezahlst und fragst, ob es auch einen U-Plan gibt, den du mitnehmen kannst.
5. Du bedankst dich und wünschst noch einen guten Tag.

TÁNDEM UNIDAD 2

Con este ejercicio practicáis el **subjuntivo**, **indicativo** e **infinitivo**. Fijaos en las expresiones subrayadas.
A y B hablan sobre un proyecto social.

Alumno/-a A	Alumno/-a B
A: Oye, ¿sabías que con solo 400 euros al año (*poder* /nosotros) ayudar a un niño en Bolivia? A mí me parece que no (*estar*) mal la idea.	A: Oye, ¿sabías que con solo 400 euros al año **podemos** ayudar a un niño en Bolivia? A mí me parece que no **está** mal la idea.
B: ¿400 euros? No creo que **sea** suficiente[1]. Para que **tengas** una idea: una semana de vacaciones **cuesta** más de eso.	B: ¿400 euros? No creo que (*ser*) suficiente[1]. Para que (*tener*) una idea: una semana de vacaciones (*costar*) más de eso.
A: Pero la profe lo dijo así en clase. Es suficiente para que un niño (*poder*) ir al colegio por un año. Ahora estamos organizando una actividad para (*ganar*) el dinero. Queremos vender galletas[2] antes de Navidad.	A: Pero la profe lo dijo así en clase. Es suficiente para que un niño **pueda** ir al colegio por un año. Ahora estamos organizando una actividad para **ganar** el dinero. Queremos vender galletas[2] antes de Navidad.
B: ¿Antes de Navidad? Me parece una idea estupenda. A la gente le gusta **ayudar** en esos días.	B: ¿Antes de Navidad? Me parece una idea estupenda. A la gente le gusta (*ayudar*) en esos días.
A: ¿Y por qué no te **apuntas**? Antes de Navidad ya no hay exámenes en el insti y tenemos más tiempo libre.	A: ¿Y por qué no (*apuntarse* / tú)? Antes de Navidad ya no hay exámenes en el insti y tenemos más tiempo libre.
B: Bueno, es verdad que **es** más divertido hacer algo así en un grupo. Además, prefiero que **hagamos** algo útil en nuestro tiempo libre. ¡Yo me apunto!	B: Bueno, es verdad que (*ser*) más divertido hacer algo así en un grupo. Además, prefiero que (*hacer* / nosotros) algo útil en nuestro tiempo libre. ¡Yo me apunto!
A: Pues perfecto. Es importante que mucha gente (*participar*) porque creo que (*ir* / nosotros) a necesitar un montón de galletas.	A: Pues perfecto. Es importante que mucha gente **participe** porque creo que **vamos** a necesitar un montón de galletas.
B: Estoy de acuerdo. Además es necesario que **pongamos** una foto del niño en la mesa e información sobre el proyecto, ¿no te parece?	B: Estoy de acuerdo. Además es necesario que (*poner* / nosotros) una foto del niño en la mesa e información sobre el proyecto, ¿no te parece?
A: Sí, es bueno que (*pensar*) en eso. A la gente le gusta (*ayudar*) en Navidad, pero prefieren (*saber*) para qué, ¿no? Tenemos que prepararlo todo.	A: Sí, es bueno que **pienses** en eso. A la gente le gusta **ayudar** en Navidad, pero prefieren **saber** para qué, ¿no? Tenemos que prepararlo todo.
B: Y la profe, ¿crees que **va** a poner su granito de arena también?	B: Y la profe, ¿crees que (*ir* / ella) a poner su granito de arena también?
A: Pues sí, esperamos que ella (*ir*) a ayudarnos. Al final era su idea. Y además, es muy simpática. No creo que nos (*ir*) a dejar solos.	A: Pues sí, esperamos que ella **vaya** a ayudarnos. Al final era su idea. Y además, es muy simpática. No creo que nos **vaya** a dejar solos.
B: Entonces, ¡que venga Navidad!	B: Entonces, ¡que venga Navidad!

1 suficiente *genug, ausreichend*
2 vender galletas *Kekse verkaufen*

TÁNDEM UNIDAD 3 (1)

Con este ejercicio aprendéis a expresar deseos. Al mismo tiempo repasáis las formas del presente de subjuntivo. Usad **ojalá** en cada frase.

Alumno/-a A	**Alumno/-a B**
Antes de un examen de español	
A: el examen no *ser* tan difícil	A: Ojalá el examen no **sea** tan difícil.
B: Ojalá el profe **nos ayude** un poco.	B: el profe nos *ayudar* un poco
A: no *haber* ejercicios de «por» y «para»	A: Ojalá no **haya** ejercicios de «por» y «para».
B: Ojalá no **me ponga** demasiado nervioso/-a.	B: no *ponerme* demasiado nervioso/-a
A: no *tener que* (nosotros) escuchar un texto	A: Ojalá no **tengamos** que escuchar un texto.
B: Ojalá **conozcamos** todas las reglas de gramática.	B: *conocer* (nosotros) todas las reglas de gramática
Antes de las vacaciones de verano	
A: *hacer* buen tiempo en las vacaciones	A: Ojalá **haga** buen tiempo en las vacaciones.
B: Ojalá **conozca** a chicos majos.	B: *conocer* (yo) a chicos majos
A: no *aburrirse (yo)*	A: Ojalá no **me aburra**.
B: Ojalá mis padres no **se metan** en mis planes.	B: mis padres no *meterse* en mis planes
A: poder yo *jugar* mucho al fútbol	A: Ojalá **pueda** jugar mucho al fútbol.
B: Ojalá **pongan** algo interesante en la tele.	B: *poner* (ellos) algo interesante en la tele
Antes de Navidad	
A: mis padres *regalarme* una cámara de vídeo	A: Ojalá mis padres **me regalen** una cámara de vídeo.
B: Ojalá **haya** nieve en Navidad.	B: *haber* nieve en Navidad
A: no *deber* (nosotros) cantar tanto	A: Ojalá no **debamos** cantar tanto.
B: Ojalá no **vayamos** a misa[1] por la mañana.	B: no *ir* (nosotros) a misa[1] por la mañana
A: *haber* una gran fiesta en Nochevieja[2]	A: Ojalá **haya** una gran fiesta en Nochevieja[2].
B: Ojalá **vayamos** a esquiar.	B: *ir* (nosotros) a esquiar
Antes de tu cumpleaños	
A: ______________________	A: ______________________
B: ______________________	B: ______________________

1 ir a misa *zum Gottesdienst gehen*
2 la Nochevieja *das Silvester*

TÁNDEM UNIDAD 3 (2)

Con este tándem practicáis las formas de **algún** y **ningún**.
Dos alumnos charlan sobre las últimas clases de español. Después cambiad papeles.

Alumno/-a A	**Alumno/-a B**
A: ¿Tienes [¿] pregunta todavía sobre el texto 3B?	A: ¿Tienes **alguna** pregunta todavía sobre el texto 3B?
B: No, no tengo **ninguna**.	B: No, no tengo [¿].
A: ¿Conoces [¿] ruina maya?	A: ¿Conoces **alguna** ruina maya?
B: No, yo no, pero Johannes hizo un viaje por Yucatán y seguro que conoce **alguna(s)**.	B: No, yo no, pero Johannes hizo un viaje por Yucatán y seguro que conoce [¿].
A: ¿Sabes dónde está mi libro de español? No lo encuentro en [¿] lugar.	A: ¿Sabes dónde está mi libro de español? No lo encuentro en **ningún** lugar.
B: No, lo siento. Oye, ¿sabes hablar **alguna** lengua indígena?	B: No, lo siento. Oye, ¿sabes hablar [¿] lengua indígena?
A: Claro que no, no sé hablar [¿].	A: Claro que no, no sé hablar **ninguna**.
B: Pero, ¿ya puedes decir sin problemas [¿] palabra maya o azteca?	B: Pero, ¿ya puedes decir sin problemas **alguna** palabra maya o azteca?
A: No, **ninguna**. Son palabras muy raras.	A: No, [¿]. Son palabras muy raras.
B: ¿Conoces [¿] país de Latinoamérica?	B: ¿Conoces **algún** país de Latinoamérica?
A: Sí, conozco **algunos**. Y ¿crees que todavía hay ruinas escondidas en la selva?	A: Sí, conozco [¿]. Y ¿crees que todavía hay ruinas escondidas en la selva?
B: ¡Seguro que todavía hay [¿]!	B: ¡Seguro que todavía hay **algunas**!
A: ¿Tienes **alguna** idea de cómo vivían los mayas antes?	A: ¿Tienes [¿] idea de cómo vivían los mayas antes?
B: Sí, una vez leí en [¿] libro de Historia un artículo sobre esta cultura. Por cierto, ¿qué tal el examen de la semana pasada? ¿Contestaste las preguntas sobre México?	B: Sí, una vez leí en **algún** libro de Historia un artículo sobre esta cultura. Por cierto, ¿qué tal el examen de la semana pasada? ¿Contestaste las preguntas sobre México?
A: Bueno, solo contesté **algunas**.	A: Bueno, solo contesté [¿].
B: Eran muy difíciles, [¿] de nosotros sabía todas las respuestas.	B: Eran muy difíciles, **ninguno** de nosotros sabía todas las respuestas.
A: Sí, [¿] contestaron solo la mitad…	A: Sí, **algunos** contestaron solo la mitad…
B: Pero nosotros al menos sabemos todas las respuestas del tándem. Ya terminamos. Ya no queda **ninguna** pregunta.	B: Pero nosotros al menos sabemos todas las respuestas del tándem. Ya terminamos. Ya no queda [¿] pregunta.

TÁNDEM UNIDAD 4

Mit diesem Tandem übt ihr Wegbeschreibungen und den Gebrauch des **Imperativs** mit usted.
B ist Schüler/in in Madrid. Er/Sie wird in der U-Bahn-Station Ópera von A, einer älteren Person, nach dem Weg zum Museo del Prado gefragt. A duzt, B siezt. Danach tauscht ihr die Rollen.

Alumno/-a A (ältere Person)	**Alumno/-a B (Schüler/in)**
A: Du fragst eine/n Schüler/in, ob es besser ist, mit dem Bus oder der U-Bahn zum Museo del Prado zu fahren.	A: Oye/Perdona, para ir al Museo del Prado, ¿es mejor ir en bus o coger el metro?
B: Mejor **vaya** en metro / **coja** el metro. Ahora seguro que hay atasco.	B: Du antwortest höflich (usted), dass er/sie besser mit der U-Bahn fahren soll. Jetzt sei bestimmt Stau.
A: Du fragst nach dem Weg zum Museo del Prado.	A: ¿Y cómo voy (de aquí) al Museo del Prado?
B: **Mire**, es muy fácil. No tiene que cambiar de línea. **Coja** la línea dos, la roja, en dirección a «Ventas». **Tiene que bajarse** en «Banco de España».	B: Du sagst, dass es ganz einfach ist. Er/Sie muss nicht umsteigen. Er/Sie soll die Linie 2, die rote, in Richtung „Ventas" nehmen und in „Banco de España" aussteigen.
A: Du bedankst dich. Ist dort das Museo del Prado?	A: Gracias. ¿Allí está el Museo del Prado?
B: No, todavía no. La estación de metro está en la Calle de Alcalá. **Coja/Tome** la primera calle a la derecha. Es el / Se llama «Paseo del Prado». Son todavía unos 500 metros hasta el Museo.	B: Nein, noch nicht. Du erklärst, dass die U-Bahn-Station in der Calle de Alcalá ist. Er/Sie soll die erste Straße rechts nehmen, sie heißt „Paseo del Prado". Es sind dann noch etwa 500 Meter bis zum Museum.
A: Du wiederholst: Du nimmst also die U-Bahn-Linie 2 in Richtung „Ventas" und steigst in „Banco de España" aus. Dann folgst du dem „Paseo del Prado" bis zum Museum.	A: Entonces cojo la línea 2 en dirección a «Ventas» y me bajo en «Banco de España». Después cojo/tomo/sigo el «Paseo del Prado» hasta el museo.
B: Correcto. / Así es. Y si tiene problemas, **pregunte** otra vez.	B: Genau. Und falls er/sie Probleme hat, soll er/sie einfach nochmal fragen.
A: Du bedankst dich. Plötzlich fällt dir ein, dass du noch keine Fahrkarte hast und du fragst noch schnell (*Oye, otra cosa: ...*), wo du eine kaufen kannst.	A: (Vale,) Muchas gracias. Oye, otra cosa: ¿dónde puedo comprar un billete?
B: Puede usar la máquina. **Mire, dele** a «Banco de España» y después a «billete sencillo».	B: Du sagst, dass er/sie den Automaten benutzen kann. Du machst es vor (*Mire, ...*): Er/Sie muss erst „Banco de España" und dann „Einzelfahrschein" wählen.
A: Du sagst, dass du heute Nachmittag noch mal die U-Bahn nehmen musst und fragst, ob du jetzt schon beide Fahrscheine kaufen kannst.	A: Tengo que coger el metro otra vez esta tarde. ¿Puedo comprar los dos billetes ahora?
B: Sí, lo puede hacer. Simplemente **dele** a «dos billetes» ahora.	B: Du sagst, dass das geht. Er muss jetzt einfach „zwei Fahrscheine" wählen.
A: Das hast du verstanden. Du bedankst dich.	A: ¡Perfecto! / Comprendo. ¡Muchas gracias!
B: Adiós.	B: Auf Wiedersehen.
A: Auf Wiedersehen.	A: Adiós.

TÁNDEM UNIDAD 5

Con este tándem repasáis las formas del futuro.
Completa esta discusión entre una tableta PC (A) y un libro (B) con las formas adecuadas del **futuro**.

Alumno/-a A (Tableta PC)	**Alumno/-a B (Libro)**
A: Leo en Internet que dentro de diez años ya nadie (*leer*) libros. ¿Qué (*hacer*) tú entonces?	A: Leo en Internet que dentro de diez años ya nadie **leerá** libros. ¿Qué **harás** tú entonces?
B: En realidad me cuesta creerlo. Hay muchísima gente que **preferirá** un libro a una tableta.	B: En realidad me cuesta creerlo. Hay muchísima gente que (*preferir*) un libro a una tableta.
A: Bueno, con una tableta ¡también tienen algo en las manos! ¿Pero (*pagar* / ellos) los precios caros para los libros? ¿Y (*tener* / ellos) bastante sitio en sus casas para tantos libros?	A: Bueno, con una tableta ¡también tienen algo en las manos! ¿Pero **pagarán** los precios caros para los libros? ¿Y **tendrán** bastante sitio en sus casas para tantos libros?
B: Eso no lo sé. ¿Y qué dice tu red sobre los niños? ¿**Querrán** leer sus cuentos de una pantalla[1] en la cama?	B: Eso no lo sé. ¿Y qué dice tu red sobre los niños? ¿(*Querer* / ellos) leer sus cuentos de una pantalla[1] en la cama?
A: No sé si los niños (*ponerse*) más contentos con un libro bonito con dibujos. Sin embargo, cada vez les (*gustar*) más los cuentos interactivos con sonidos y pequeños vídeos.	A: No sé si los niños se **pondrán** más contentos con un libro bonito con dibujos. Sin embargo, cada vez les **gustarán** más los cuentos interactivos con sonidos y pequeños vídeos.
B: Pero cuando estos niños sean grandes, **estarán** cansados de tanta tecnología. Además, con un libro **se imaginarán** muchas cosas mejor.	B: Pero cuando estos niños sean grandes, (*estar*) cansados de tanta tecnología. Además, con un libro (*imaginarse* / ellos) muchas cosas mejor.
A: Así (*ser*)…	A: Así **será**…
B: Sí, y así **serán** más creativos y flexibles, dos cualidades[2] muy importantes para el futuro.	B: Sí, y así (*ser* / ellos) más creativos y flexibles, dos cualidades[2] muy importantes para el futuro.
A: Es verdad, pero los libros en la red (*tener*) buen precio y la gente (*poder*) bajar miles de libros…	A: Es verdad, pero los libros en la red **tendrán** buen precio y la gente **podrá** bajar miles de libros…
B: Pero, ¿quién **tendrá** tiempo para leer miles de libros? Muchos leen en su tiempo libre. ¿Y **habrá** todavía tiempo libre en el futuro?	B: Pero, ¿quién (*tener*) tiempo para leer miles de libros? Muchos leen en su tiempo libre. ¿Y (*haber*) todavía tiempo libre en el futuro?
A: Difícil saberlo. Pero seguro que lo (*ver* / noso-tros)…	A: Difícil saberlo. Pero seguro que lo **veremos**…
B: ¡Y lo **viviremos**[3]!	B: ¡Y lo (*vivir*[3] / nosotros)!

1 la pantalla *Bildschirm*
2 la cualidad *die Eigenschaft*
3 vivir *hier: erleben*

TÁNDEM UNIDAD 6

Con este tándem repasáis varios de los temas que habéis aprendido este año escolar y además os preparáis para una entrevista de prácticas. Alumno/-a A hace diez preguntas a Alumno/-a B. B corrige las preguntas de A (si es necesario) y las contesta. Después B hace diez preguntas a A.

Alumno/-a A	**Alumno/-a B**
Pregunta a tu compañero/-a en español.	**Corrige a tu compañero/-a y contesta su pregunta.**
1. Gehst du gerne in die Schule?	1. ¿Te gusta ir al instituto?
2. Was ist dein Lieblingsfach?	2. ¿Cuál es tu asignatura favorita?
3. Sprichst du gut Englisch?	3. ¿Hablas bien inglés?
4. Magst du Mathematik?	4. ¿Te gustan las Matemáticas?
5. Welche Wahlfächer hast du?	5. ¿Qué optativas tienes?
6. Musst du viel für die Schule lernen?	6. ¿Tienes que estudiar mucho para el instituto?
7. Was machst du in deiner Freizeit?	7. ¿Qué haces en tu tiempo libre?
8. Hast du schon Praktika gemacht? Welche?	8. ¿Ya has hecho prácticas? ¿Cuáles? / ¿Dónde?
9. Was willst du nach der Schule machen?	9. ¿Qué quieres hacer después del instituto?
10. Hast du irgendeinen Traum für die Zukunft?	10. ¿Tienes algún sueño para el futuro?
Corrige a tu compañero/-a y contesta su pregunta.	**Pregunta a tu compañero/-a en español.**
1. ¿En qué clase estás?	1. In welche Klasse gehst du?
2. ¿Qué idiomas/lenguas aprendes este año?	2. Welche Sprachen lernst du dieses Jahr?
3. ¿Qué lengua te gusta más?	3. Welche Sprache gefällt dir am besten?
4. ¿En qué asignaturas sacas buenas notas?	4. In welchen Fächern bekommst du gute Noten?
5. ¿Y en qué asignaturas sacas malas notas?	5. Und in welchen bekommst du schlechte Noten?
6. ¿Qué te gusta hacer después de clases?	6. Was machst du gerne nach der Schule?
7. ¿Ya has hecho algún trabajo alguna vez? ¿Has trabajado alguna vez?	7. Hast du schon einmal gejobbt (gearbeitet)?
8. ¿Eres una persona creativa?	8. Bist du eine kreative Person?
9. ¿Ya tienes planes para el futuro?	9. Hast du schon Pläne für die Zukunft?
10. ¿Te interesas por alguna profesión?	10. Interessierst du dich für irgendeinen Beruf?

AUTOCONTROL-LÖSUNGEN

UNIDAD 1 (AUTOCONTROL, S. 16–17)

Wenn du Probleme hattest:

1

Imperfecto: todos los días, cuando, a veces, en aquel tiempo, antes, en aquellos años
Indefinido: cuando, a las tres, primero, en ese momento, de repente, hace tres días, en 2002, aquel día

Wiederhole nochmals den Unterschied zwischen *pretérito indefinido* und *pretérito imperfecto*. Lerne am besten die Signalwörter auswendig (Resumen, Libro, S. 24).

2

1. era, vivíamos
2. teníamos, íbamos
3. había, conocíamos
4. éramos, visitábamos
5. tenían, gustaba
6. nos levantábamos, nos íbamos

Schlage die Bildung des *imperfecto* im Resumen 1, S. 24 nach. Einige Verben sind jedoch unregelmäßig:
ser: era, eras, era, éramos, erais, eran
ir: iba, ibas, iba, íbamos, ibais, iban
ver: veía, veías, veía, veíamos, veíais, veían

3

visitó, llegó, dormíamos, fue, despertó, quería, tenía, me levanté, fui, estaban, era, hacía, me duché, se cambió, salimos, volvimos

Das *pretérito imperfecto* brauchst du, um Zustände in der Vergangenheit zu beschreiben.
Das *indefinido* brauchst du, um einmalige Handlungen mit klarem Anfang und Ende in der Vergangenheit zu benennen.
Weitere Tipps für den Gebrauch findest du im Grammatikheft, S. 9.
Mache folgende Übungen: Libro, S. 21/4–6; Cuaderno, S. 10/1–2, S. 12/7–8

4

1. El ordenador RACER es tan grande como el VAYO, pero el I-BUKS es el más pequeño de todos y el más bonito.
2. Las gafas pijas son peores que las majas, pero las 007 son las mejores de todas y también son las más caras.
3. La bicicleta Bentotto es más lenta que la speedy, pero la Blitz es la más cara de todas y además la más rápida.
4. Los vaqueros Tex-Mex son tan buenos como los zorro, pero los timo son los peores de todos y además son los más feos.

Sieh dir noch einmal die Bildung des Komparativs im Resumen (Libro, S. 24/25, Punkt 3 und 4) an. Denke daran, dass es *más/menos... que* heißt, aber *tan... como*. Die Adjektive musst du auch hier an das Bezugswort angleichen.
Mache folgende Übungen: Libro, S. 25/2; Cuaderno, S. 8/6–7

UNIDAD 2 (AUTOCONTROL, S. 31–32)

Wenn du Probleme hattest:

1

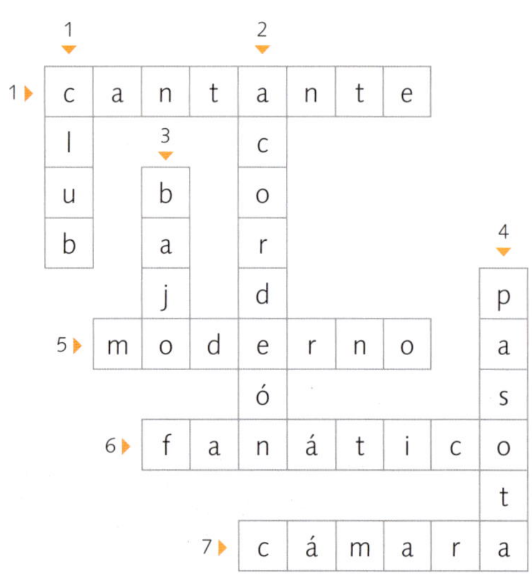

Schau dir das Vokabelverzeichnis (Libro, S. 198–201) noch einmal an und präge dir die neuen Wörter ein. Viele der neuen Vokabeln kannst du dir leichter merken, wenn du dir zu einem Wort (z. B. *cantante*) ein bestimmtes Bild oder Symbol einprägst. Weitere Tipps findest du im Buch (Libro, S. 155).

2

decir	querer	contar
diga	quiera	cuente
digas	quieras	cuentes
diga	quiera	cuente
digamos	queramos	contemos
digáis	queráis	contéis
digan	quieran	cuenten

Die Konjugationstabellen findest du im Buch (Libro, S. 185–191). Merke dir: Der Verbstamm des *subjuntivo* Präsens wird von der 1. Person Singular des Indikativ Präsens abgeleitet. Denke daran, dass viele Verben in der 1. Pers. Sing. Präs. Ind. unregelmäßig sind (z. B. *decir*).
Du kannst auch die Verbformen im Buch (Libro, S. 185–191) nachschlagen.

3

ser	ir	estar
sea	vaya	esté
seas	vayas	estés
sea	vaya	esté
seamos	vayamos	estemos
seáis	vayáis	estéis
sean	vayan	estén

Einige Verben sind unregelmäßig im *subjuntivo*, z. B. *ser* und *ir*. Schlage die Formen in den Konjugationstabellen (Libro, S. 185–191) nach. Da die *subjuntivo*-Formen sehr häufig verwendet werden, solltest du die Formen beherrschen. Mache die folgenden Übungen: Libro, S. 35/7, S. 40/9, S. 45/4–6; Cuaderno, S. 20/5, S. 21/6, S. 22/7

4 1. se acuerde – 2. vean – 3. tenga, aprenda – 4. sea – 5. pueda – 6. estudie, baile – 7. vaya

Wiederhole die Autocontrol-Übungen und mache noch einmal die folgenden Übungen: Libro, S. 44/3, S. 45/4–5.

5 **subjuntivo:** es bueno que, no creo que, espero que, me gusta que, prefiero que, es importante que, no me importa que, no pienso que, para que, es necesario que

Schlage im Grammatikheft, S. 15, nach und wiederhole die folgenden Übungen: Libro, S. 35/5–6.

6 a **Adjetivos:** interesante, malo/-a, bonito/-a, bueno/-a, caliente, curioso/-a
Adverbios: simplemente, especialmente, bien, prácticamente, mal, bastante

b 1. especialmente – 2. prácticamente – 3. bien

Im Spanischen können von den meisten Adjektiven Adverbien abgeleitet werden. Bei den Adjektiven auf *-o* wird an die weibl. Form im Singular (*-a*) die Endung *-mente* angehängt. In allen anderen Fällen wird die Endung *-mente* direkt an das Adjektiv angehängt.

UNIDAD 3 (AUTOCONTROL, S. 45–46)

Wenn du Probleme hattest:

1 1. la pirámide – 2. la artesanía – 3. la selva – 4. el chófer – 5. la parada (de bus) – 6. el hospital – 7. los frijoles – 8. la fábrica (la comida) – 9. los juguetes

Hier musst du das Vokabular dieser Unidad gut gelernt haben. Schau dir das Vokabelverzeichnis (Libro, S. 202–207) noch einmal an und präge dir die neuen Wörter ein. Im Methodenteil findest du konkrete Tipps (Libro, S. 154–155), um Wortschatz effektiv zu lernen. Probiere sie aus!

2

1. comí – comía
2. conocí – conocía
3. dolió – dolía
4. estuvimos – estábamos
5. fuimos – íbamos
6. picó – picaba
7. fue – era
8. tuvieron – tenían
9. vendieron – vendían
10. vinimos – veníamos
11. vimos – veíamos
12. viajasteis – viajabais

Schau dir die Konjugationstabellen (Libro, S. 185–191) an. Fertige selbst Übungen mit den Verben an, mit denen du am meisten Schwierigkeiten hast, und notiere die Lösungen auf der Rückseite. Bearbeite die Übungen nach einer Pause und vergleiche mit deinen Lösungen.
Mache noch einmal die Übungen 2 und 3 von Autocontrol 1 und das Tandem 1 (S. 93).

3

1. Ojalá yo vaya a la universidad.
2. Ojalá sea doctora algún día.
3. Ojalá tenga hijos.
4. Ojalá pueda trabajar en mi pueblo.
5. Ojalá sea feliz.

Schau dir noch einmal den Punkt 6 im Resumen (Libro, S. 61) an.
Übe die Formen des *presente de subjuntivo* (Libro, S. 185–191) und mache noch einmal das Tandem 3 (S. 95).

4

1. interesarse por
2. gracias por
3. ahorrar algo para
4. irse por ahí
5. pasear por
6. para mí fue lo mejor
7. trabajar para ayudar a la familia
8. perfecto para hacer surf
9. los tomates son para el guacamole.

Schlage den Punkt 4 im Resumen (Libro, S. 60) nach und überlege dir Eselsbrücken für Wendungen mit *por* und *para*. Im Methodenteil findest du weitere Tipps (S. 154–155).
Mache folgende Übungen: Libro, S. 55/11; Cuaderno, S. 37/8–9

5

1. Estas quesadillas están riquísimas, el mole hoy está malísimo.
2. México y Colombia son países interesantísimos y grandísimos.
3. La chica que conocí ayer es simpatiquísima y graciosísima.
4. El examen de Historia fue dificilísimo y larguísimo.

Merke dir, dass die Endungen des absoluten Superlativs dem Geschlecht des Nomens angepasst werden. Schlage den Punkt 3 im Resumen (Libro, S. 60) nach.
Wiederhole die Übungen: Libro, S. 55/10; Cuaderno, S. 41/6

6

algunas – algunos – ninguna – ningún – ninguno – ningún – ninguno – algunas – ninguna – algunas

Schau dir noch einmal den Punkt 7 im Resumen (Libro, S. 61) an.
Mache folgende Übungen: Libro, S. 58/7; Cuaderno, S. 40/5

7

2. ¡Pásamela! → Te la paso ahora mismo.
3. ¡Explícaselos! → Se los explico ahora mismo.
4. ¡Cuéntaselo! → Se lo cuento ahora mismo.
5. ¡Pónselos! → Se los pongo ahora mismo.
6. ¡Dáselos! → Se los doy ahora mismo.

Im Grammatikheft (S. 23) kannst du die Stellung der zwei Objektpronomen nachschlagen.
Mache noch einmal folgende Übungen: Libro, S. 58/6, S. 61/3; Cuaderno, S. 40/3–4

UNIDAD 4 (AUTOCONTROL, S. 58–59)

Wenn du Probleme hattest:

1

1. Mejor vaya en metro. / Coja mejor el metro.
2. Coja la línea 1.
3. Siga en dirección a…
4. Allí tiene que cambiar (de línea).
5. Tiene que bajarse en…
6. ¿Cuánto cuesta un billete?
7. ¿Tienes monedas para la máquina?

Wiederhole die Redemittel der Lektion (Libro, S. 212–213). Lege zu dem Oberbegriff „Wegbeschreibung mit öffentlichen Verkehrsmitteln" eine Vokabelkarte an, auf der du alle Wörter und Ausdrücke zu diesem Thema zusammenträgst. Strukturiere deine Vokabelkarte nach Unterthemen oder Wortarten.

2

A: Perdona, ¿puedes explicarme cómo voy de aquí al Parque del Retiro?
B: Claro que sí. Mira, tienes que coger la línea 2 en dirección a Ventas. Sigue en esta línea hasta que llegues a la estación «Retiro». Allí te bajas y ya está.
A: Entonces ¿no tengo que cambiar de línea?
B: Que no, súbete aquí y bájate en «Retiro». Es muy fácil.
A: Gracias.
B: Vale vale, ¡suerte!

Damit du Wörter im Kontext richtig verwendest, lerne den ganzen Ausdruck (= Kollokation), in dem ein Wort verwendet wird.
Mache noch einmal folgende Übungen: Libro, S. 70/3, 6–7; Cuaderno, S. 47/1

3

ayúdeme
Espere
déjeme
Escuche
cruce
siga
gire

Merke dir, dass für den Imperativ in der Höflichkeitsform die 3. Person Singular (*usted*) bzw. Plural (*ustedes*) des *subjuntivo* benutzt wird. Achte dabei auf die Stellung der Objekt- und Reflexivpronomen. Achte besonders auf die Rechtschreibung von Verben wie *cruzar* und *coger*. Vergiss nicht, dass *seguir* zu den Verben mit Stammvokaländerung *e* → *ie* gehört.

4 Esta mañana Toño se ha levantado muy temprano, ha preparado el desayuno. Después ha ido en metro al colegio. Ahí ha tenido un examen de Inglés. Después ha hecho los deberes y ha visto la tele un poco. También ha cenado con su madre y ha salido con sus amigos.

Sieh dir noch einmal den Punkt 2 im Resumen (Libro, S. 80) an.
Wiederhole die Übungen: Libro, S. 74/9; Cuaderno, S. 49/3, S. 50/4–5

5

1. Nació
2. has hecho
3. he dormido
4. os levantasteis
5. he ido
6. hicimos
7. hicisteis
8. vi
9. ha dicho
10. has visto
11. han tenido
12. se compró
13. has dicho / he entendido

Im Grammatikheft (S. 28) kannst du den Gebrauch des *pretérito indefinido* und des *pretérito perfecto* nachschlagen.
Lerne die Signalwörter auswendig:
P. perfecto: hoy, esta mañana/tarde/semana, este mes/año, ya
P. indefinido: la semana pasada, en (el año) 2012, un día, ayer, hace (dos días/semanas/años/...), aquel día, a las (tres), una vez, al principio, entonces, más tarde
Wiederhole die Übungen: Libro, S. 76/5–6, S. 77/7, S. 81/3; Cuaderno, S. 54/3–4

UNIDAD 5 (AUTOCONTROL, S. 75–76)

Wenn du Probleme hattest:

1 [estar] conectado/-a (*adj.*) – [ser] interactivo/-a (*adj.*) – el trabajo (*sust.*) – [ser] crítico/-a (*adj.*) – importante (*adj.*) – la salida (*sust.*) – el encuentro (*sust.*) – el control (*sust.*) – la presentación (*sust.*) – la vida (*sust.*)

Schau dir noch einmal die Vokabeln im Vokabelverzeichnis (Libro, S. 213–218) an. Lerne sie am besten im Kontext, also in einem Satz, auswendig. So kannst du sie dir besser merken.
Lege für die Adjektive eine Vokabelkartei an und trage auch ein, ob das Adjektiv nur mit *ser* oder *estar* angewandt wird.

2

1. iré
2. escribirás
3. leerá
4. veremos
5. escucharéis

Schlage den Punkt 1 im Resumen (Libro, S. 98) nach.
Vergiß nicht: Alle Endungen außer der für die 1. Person Plural tragen ein Akzentzeichen.

3

1. Vivirá
2. estará
3. pensará
4. darán
5. tomarán
6. gustará

Das *futuro simple* verwendest du, um Vorhersagen zu machen oder um Vermutungen auszudrücken. Das ist im Deutschen ganz ähnlich: *¿Quién es ese chico? –Será un alumno nuevo.* („Wer ist das? – Das wird wohl ein neuer Schüler sein.")

4

1. haya
2. echo
3. sea
4. encienden
5. paséis
6. gusta

Nach *aunque*, *cuando* und *mientras* kann entweder der *subjuntivo* oder der *indicativo* kommen. Schau dir den Gebrauch des *subjuntivo* im Grammatikheft, S. 31 an.
Wiederhole die Übungen: Cuaderno, S. 62/5, S. 63/6, S. 68/6

5

1. había vivido
2. había jugado
3. se había hecho
4. había contado
5. había conseguido

Schau dir noch einmal den Punkt 6 im Resumen (Libro, S. 99) an.
Mache die Übungen: Libro, S. 95/7; Cuaderno, S. 67/4, S. 68/5

6 pasan trabajando – siguen trabajando – llevamos hablando – siguen escuchándonos – pasa la mañana escuchando – sigo pensando – seguimos siendo – me paso las noches leyendo los periódicos o

Aus Band 1 kennst du schon das *gerundio* in Verbindung mit *estar* als Verlaufsform. Schau dir weitere Anwendungen des *gerundio* im Grammatikheft, S. 32, an.
Wiederhole die Übung: Cuaderno, S. 64/7

UNIDAD 6 (AUTOCONTROL, S. 88)

1

1. Merce siempre le dice que la llame.
2. Su hermana siempre le dice que no tome sus cedés.
3. Su profe siempre le dice que haga sus deberes.
4. La abuela siempre le dice que la visite.
5. Su novio siempre le dice que vaya con él al cine.
6. Jorge siempre le dice que no se preocupe.

Wenn du Probleme hattest:

Die indirekte Rede im *subjuntivo* ist eigentlich die Umformung eines Imperativs in eine indirekte Aufforderung.
Wiederhole die Übungen: Libro, S. 106/6, S. 118/3; Cuaderno, S. 77/1

2

1. Susana dijo que estaba allí de vacaciones porque la había invitado su tía alemana.
2. Susana explicó que su tía antes vivía en Hamburgo, pero que en ese momento vivía/vive en Berlín.
3. Me preguntó si había estado en España alguna vez.
4. Comentó que le encantaba viajar y quería saber si a mí también me gustaba.
5. Luego me preguntó si tenía ganas de visitarla en Sevilla.
6. También me preguntó si podía mandarle las fotos de la fiesta.
7. Al final dijo que iba a volver a Alemania pronto.

Wenn die indirekte Rede mit einem Verb in einer Zeit der Vergangenheit (*pretérito indefinido*, *pretérito imperfecto* oder *pretérito pluscuamperfecto*) eingeleitet wird, findet in den meisten Fällen eine Zeitverschiebung statt:
presente → *pretérito imperfecto*
pretérito perfecto → *pretérito pluscuamperfecto*
pretérito indefinido → *pretérito pluscuamperfecto*
Das *imperfecto* und das *pluscuamperfecto* werden in der indirekten Rede in der Vergangenheit nicht verändert.
Wiederhole die Übungen: Libro, S. 109/7, S. 117/2–3; Cuaderno, S. 80/5–7